Christine Adrian

Das große Buch vom Zoo

Mit Bildern von Pieter Kunstreich

Schwager & Steinlein

Inhaltsverzeichnis

Ein Betthupferl für die Tiger

Als Tierpfleger Max morgens zu seinen Tigern kommt, streicht Diana schon mit dem Kopf am Gitter entlang. Tibor dagegen bleibt hinten im Käfig liegen und würdigt Max keines Blickes. „Auch gut", denkt Max und macht sich an die Arbeit.

Als Erstes muss er Diana von ihrem Kind trennen, denn gleich kommt der Tierarzt. Diana regt sich immer furchtbar auf, wenn sie nicht bei ihrer kleinen Ombala sein kann. Doch einem schönen Stück Fleisch im Nachbarkäfig kann sie dann trotzdem nicht widerstehen. Und schon ist die Schiebetür zwischen ihr und dem Baby zu. Rastlos rennt Diana hin und her und ruft nach Ombala. Das Tigerbaby wird inzwischen gewogen, untersucht, mit einem Chip versehen und geimpft. Dabei legt es seine Ohren an und quäkt kläglich. Als Diana wieder zu Ombala darf, leckt sie die Kleine gründlich ab, um den fiesen Tierarztgeruch zu entfernen.

Heute sind Tibor, Diana und Ombala zusammen im Außengehege. Da Ombala keine Spielgefährten in ihrem Alter hat, nimmt sie gern Tibors Schwanz zum Spielen. Zuerst legt sie sich geduckt auf die Lauer. Dann springt sie plötzlich die Schwanzspitze an, als wäre sie ein Beutetier. Tibors Schwanz zuckt immer schneller hin und her. Ein sicheres Zeichen dafür, dass er langsam ärgerlich wird. Doch das weiß Ombala noch nicht und packt seinen Schwanz mit Krallen und Zähnen. Schließlich hat Tibor genug und sucht sich einen ruhigeren Platz.

Ombala ist enttäuscht und sieht sich nach einer anderen Beschäftigung um. Da entdeckt sie den Wassergraben. Zuerst riecht sie am Wasser, dann steckt sie die Pfote vorsichtig hinein. Sofort schüttelt sie angewidert ihre Pfote, um das nasse Zeug wieder loszuwerden. Jetzt greift Diana ein, weil sie ihr Baby so nah am Wasser in Gefahr sieht. Schnell kommt sie herbei, packt Ombala mit dem Maul im Nacken und trägt sie zu ihrem Platz. Ombala zappelt nicht, sondern hängt wie ein Säckchen zwischen Dianas Zähnen. Alle Katzen tragen ihre Jungen so, und alle Jungen halten es aus.

11

Ein langer, aufregender Tag geht für Ombala zu Ende. Jetzt ist sie wieder allein mit ihrer Mutter Diana im Käfig. Bald wird Max das Tigerhaus abschließen. Diana steht am Gitter und schaut gespannt in Richtung Tür. Nebenan rumort Tibor, der unruhig auf und ab geht.

Endlich kommt Max und hält auch heute wieder eine kleine, weiße Schüssel in der Hand. In der Schüssel sind die Betthupferl für die beiden großen Tiger: winzig kleine Fleischstückchen, die Max durch das Gitter reicht. Tibor tut so, als ob er völlig ausgehungert wäre, und leckt am Schluss sogar noch das Gitter ab. Diana nimmt die Fleischstückchen vorsichtig wie Bonbons und will dann am Gitter ein bisschen schmusen. Sie vertraut Max so sehr, dass sie sich am liebsten einmal ohne Gitter von ihm streicheln ließe. Doch Max vertraut Diana in diesem Punkt überhaupt nicht: Raubtier bleibt Raubtier. Ombala aber ist von dem anstrengenden Tag so erschöpft, dass sie schon schläft. Sie braucht sicher keine Gutenachtgeschichte mehr.

Schon gewusst?

Können Tiger schnurren?

Tiger gehören zusammen mit Löwen, Leoparden und Jaguaren zu den Großkatzen. Diese mächtigen Jäger können viele Dinge wie schwimmen, klettern oder springen. Allerdings sind Tiger die einzigen Großkatzen, die ohne Not ins Wasser gehen. Sie lieben die Abkühlung bei sommerlicher Hitze. Wenn dabei ein Wasservogel oder ein Fisch als Zwischenmahlzeit herausspringt, sind sie auch nicht abgeneigt.

Eines aber können die Großkatzen nicht: schnurren. Dazu fehlen ihnen die körperlichen Voraussetzungen. Dafür hat jede Großkatzenart eine eigene Lautsprache. Damit verständigen sie sich über Entfernungen bis zu zwei Kilometern oder drücken ihre Gefühle gegenüber ihren Partnern oder ihren Jungen aus. Die meisten Laute betreffen die kurze Paarungszeit und die langjährige Beziehung von Mutter und Kindern. Tigerkater kümmern sich in Freiheit nicht um die Aufzucht der Jungen.

Der einsame Jäger

Tiger sind eher Einzelgänger, die selbst große Beutetiere wie Wildschweine oder Hirsche im Alleingang töten können. Aber diese Tiere wehren sich natürlich gegen den Angriff des Tigers. Dabei kann es sogar passieren, dass der Tiger und das Beutetier im Kampf so schwer verletzt werden, dass beide an

den Wunden sterben. Aber normalerweise haben es Tiger auf kleine bis mittelgroße Tiere abgesehen, die allerdings auch nicht so leicht zu fangen sind. Tigerkenner meinen, dass von zehn Jagdversuchen nur einer erfolgreich ist. Nagender Hunger ist den Tigern daher durchaus bekannt.

Gut getarnt

Das gestreifte Tigerfell sieht im Zoo sehr auffällig aus. In seinem natürlichen Lebensraum aber dient es dem Tiger dazu, sich unsichtbar zu machen. Er legt sich nämlich gern im hohen Gras oder im Schilf auf die Lauer. Wenn er sich dort nicht bewegt, verschwimmt der kraftvolle Körper so mit der Umgebung,

dass auch die aufmerksamsten Opfer ihn übersehen. Natürlich fliegt auch die beste Tarnung irgendwann auf, wenn der Jäger sich bewegt.

Andere Großkatzen, die mit dem Tiger verwandt sind

Löwe

Jaguar

Leopard

15

Die klugen Schimpansen

Heute Morgen will Tierpfleger Robert herausfinden, was passiert, wenn er einen ausgestopften Leoparden ins Schimpansengehege legt. In der freien Natur zählt der Leopard zu den größten Feinden der Affen. Doch die Schimpansen im Zoo sind noch nie einem Leoparden begegnet. Als Robert sie ins Außengehege lässt, herrscht zuerst Stille. Wie erstarrt beobachten die Affen das Raubtier. Die Weibchen ziehen ihre Jungen zu sich heran und lassen sie nicht mehr los.

Und dann bricht die Hölle los. Mit gesträubtem Fell drohen die Männchen und schreien dazu „U-u-uuuuuuuu", immer wieder, immer lauter, immer höher. Einer packt einen Ast und schleudert ihn in Richtung Leopard. Der Ast trifft ihn zwar nicht, aber eigentlich müsste der Leopard jetzt genug haben. Doch er rührt sich nicht. Da lässt der Krawall langsam nach, und Neugier macht sich breit. Ein Männchen nach dem anderen traut sich in die Nähe des Raubtiers, immer bereit, sofort zurückzuspringen, falls sich die Katze bewegen sollte. Schließlich stupst ein Männchen den Leoparden an. Als nichts passiert, werden alle mutiger. Jetzt ist es Zeit, das ausgestopfte Tier schnell aus dem Gehege zu ziehen, bevor es von den Schimpansen zerlegt wird.

17

Die Schimpansen machen einen Riesenlärm, weil die alte Kira von Robert in einen kleinen Extrakäfig gesperrt worden ist. Es geht ihr nicht gut, und Doktor Pazienza will sie untersuchen. Jetzt zahlt es sich aus, dass Robert mit seinen Schimpansen immer wieder das medizinische Training geübt hat. Brav streckt Kira ihren Arm durch ein rundes Loch im Gitter und legt ihn auf eine Schiene. So kann der Arzt ihren Puls fühlen und Blut abnehmen. Sobald er damit fertig ist, klickt Robert mit einer Art Knackfrosch, dem Klicker. So weiß Kira, dass sie alles richtig gemacht hat.

Dann muss sich Kira ganz nah ans Gitter setzen, damit der Arzt Mund und Augen untersuchen kann. Auch dafür gibt es einen Klick. Und jetzt kommt das, worauf sich Kira die ganze Zeit gefreut hat: Robert füttert sie durch das Gitter mit einem Brei aus schwarzem Tee und Haferflocken, in den er ihre Medizin gemischt hat. Denn Kira hat etwas Durchfall. Daher muss sie heute allein in ihrem Käfig bleiben, denn von den Früchten, die die anderen Schimpansen bekommen, darf sie vorerst nichts fressen.

18

19

Während die kranke Kira in ihrem Käfig bleiben muss, dürfen die anderen Schimpansen ins Außengehege. Dort hat Robert dünnen Grießbrei mit Honig in zwei Eimer mit winzigen Löchern gefüllt. Doch wie sollen die Schimpansen an den Leckerbissen kommen?

Jane und Lina haben die Lage schnell durchschaut. Sie schwingen an den dicken Seilen zu einem Bündel mit Zweigen. Zielstrebig brechen sie einige dünne Zweiglein ab und entfernen die Blätter. Dann geht es zurück zu den Eimern. Geschickt steckt jeder Affe seinen Zweig in ein Loch, zieht ihn mit etwas Grießbrei daran wieder heraus und schleckt ihn ab. Tarzan und Unhold schauen sich die Sache an und nehmen den beiden Weibchen dann einfach die Zweiglein ab. Sie haben keine Lust, selbst Zweige zu suchen. Pikki dagegen ist noch zu jung, um so ein Werkzeug herzustellen. Aber das wird nicht mehr lange dauern.

Schon gewusst?

Erfinder im Urwald

Schimpansen sind wesentlich vielseitiger als Gorillas und Orang-Utans. Sie finden sich überall zurecht, ob in der Savanne oder im Urwald, und nutzen die verschiedenen Angebote ihrer Umwelt auf vielfältige Weise. So gibt es Schimpansen-Gruppen, die das Nüsseknacken zwischen zwei Steinen erfunden haben und dieses Wissen an ihre Jungen weitergeben. Andere Gruppen angeln mit Zweigen

in Termitenhügeln nach Insekten – auch das schauen sich die Jungen ab. Manche Schimpansen gehen gemeinsam auf die Jagd. Auch wenn es im Jagdfieber immer wieder zu turbulenten Szenen kommt, kann man doch beobachten, dass die Schimpansen sich die Arbeit teilen und zusammenarbeiten. Das wirkt ziemlich menschlich.

Stammt der Mensch vom Schimpansen ab?

Natürlich nicht. Der Apfel stammt auch nicht von der Birne ab, aber sie haben gemeinsame Vorfahren. Von den gemeinsamen Vorfahren der Menschenaffen und der Menschen wissen wir nur sehr wenig. Aber das, was wir wissen, ist spannender als jeder Krimi. Hunderte von Wissen-

schaftlern in aller Welt suchen nach den Spuren jener Lebewesen, aus denen sich sowohl Menschenaffen als auch Menschen in zwei verschiedenen Stammbäumen entwickelt haben. Bisher sind sie sich nur sicher, dass diese Entwicklung in Afrika stattgefunden hat. Aber sie wissen nicht, wieso sie stattgefunden hat.

Unsere klugen Verwandten

Die Wissenschaftler, die die Schimpansen erforschen, haben herausgefunden, dass unsere Gene, also das Erbmaterial, auch heute noch zu über 98 % mit denen der Schimpansen übereinstimmen. Ein Grund mehr, sie wie Verwandte zu behandeln. Heute wissen wir, dass Schimpansen viel klüger sind, als wir es lange Zeit wahrhaben wollten. Sie können Werkzeuge herstellen und gebrauchen, die Zeichensprache erlernen, zählen und sogar lachen. Aber solange wir ihre Sprache nicht verstehen, werden wir auch nie wirklich wissen, was sie denken.

Andere Menschenaffen

Bonobo

Gorilla

Orang-Utan

23

Ein Zebra in Not

Heute Morgen trifft der junge Zebrahengst Pablo in einem Transport-auto im Zoo ein. Vorher hat er in einem anderen Zoo gelebt. Alles ist vorbereitet, damit das Tier ohne Schwierigkeiten über eine Rampe in die Stallgasse und dann in seinen Stall laufen kann. Das klappt auch ganz gut, und Pablo kann schon bald frisches Heu fressen und sich nach seiner anstrengenden Reise etwas ausruhen.

Noch sieht niemand, dass Pablo sich im Transportauto am Schwanz verletzt hat. Aber nach ein paar Tagen ist Pablos Schwanz weiter unten dick geschwollen. Die Wunde muss untersucht und behandelt werden. Und das geht bei Zebras nur, wenn man ihnen vorher eine Narkose gibt. Also kommt Doktor Pazienza mit seinem Blasrohr, in das er eine Spritze steckt. Dann zielt er und pustet die Spritze schließlich durch das Gitter hindurch direkt in Pablos Hinterteil. Nach wenigen Minuten wird der Zebrahengst sehr müde. Er lehnt sich gegen die Stallwand, knickt ein und fällt schlafend um. Jetzt kann der Tierarzt Pablos Schwanz genau unter-suchen. Der Schwanz sieht böse aus, da sich die Wunde stark entzündet hat. Sie muss sofort behandelt und verbunden werden.

Nach einer Woche bekommt Pablo wieder eine Narkose, damit Doktor Pazienza die Wunde kontrollieren kann. Und nach einer weiteren Woche schaut er sich die Wunde noch einmal an. Aber der Schwanz will überhaupt nicht heilen. Das kranke Stück muss abgeschnitten werden, damit Pablo endlich wieder gesund wird. In Freiheit wäre Pablo an der Entzündung wahrscheinlich gestorben.

Im Zoo aber kann er gut leben, sogar wenn ihm ein Stück von seinem Schwanz fehlt. Der Zebraschwanz mit seiner Quaste dient den Tieren als Fliegenwedel. Im Freien wedeln sie mit ihm oft unentwegt hin und her, um die Fliegen zu verscheuchen. Das kann Pablo jetzt nicht mehr.

Aber wenn man ihn so mit den anderen Zebras sieht, macht er keinen traurigen Eindruck. Ganz im Gegenteil: Gerade hat sich ihm doch tatsächlich ein Marabu in den Weg gestellt, der Pablo mit seinen weit ausgebreiteten Flügeln zum Ausweichen bringen wollte. Daraufhin hat Pablo den Kopf gesenkt und ist auf den Marabu zugestürmt. Da ist der Marabu dem Zebrahengst doch lieber aus dem Weg gegangen.

Schon gewusst?

Zebramutter gesucht

Ein neugeborenes Zebrafohlen erkennt seine Mutter zunächst noch nicht. Es läuft dem nächstbesten großen, sich bewegenden Ding nach. Das kann in Freiheit ein Auto sein oder im Zoo ein Tierpfleger. Um das zu verhindern, wird die Zebramutter im Zoo für ein paar Tage allein mit ihrem Fohlen eingesperrt. Dann erkennt das Kleine die Mutter sowohl

am Geruch als auch an den Streifen, die besonders in der Schultergegend ein persönliches Muster aufweisen. Von da an bereitet es weder Mutter noch Kind Schwierigkeiten, einander inmitten der Herde zu finden.

Junge Zebras in Gefahr

Neugeborene Zebras müssen, wie alle anderen Huftiere auch, nach der Geburt innerhalb von Minuten aufstehen. Gelingt das dem Fohlen nicht, wird es in der Savanne ganz schnell zur Beute für Raubtiere. Löwen und Hyänen jagen mit Vorliebe Jungtiere. Aber die Fohlen wachsen so schnell, dass die Räuber nicht alle Tiere erbeuten können, bevor sie erwachsen sind. Denn in den großen Herden werden alle Fohlen gleichzeitig geboren.

Freunde fürs Leben

Kaum dass ein Fohlen stehen kann, kann es auch schon so schnell wie die Erwachsenen laufen und rennen. Seine Beine sind ja auch von Geburt an fast so lang wie die der Großen. Im Zoo müssen kleine Zebras nicht vor Raubtieren fliehen. Aber sie müssen spielen, am besten mit den anderen Fohlen. Das Spiel der Tierkinder ist ein notwendiges Training für Muskeln und Knochen. Sobald sie sich etwas freier in der Herde bewegen dürfen, beginnen die kleinen Zebras mit Rangeleien und Verfolgungsjagden – natürlich alles nur zum Schein. Und sie üben das Verhalten untereinander: Dabei entstehen dann Freundschaften, die jahrelang halten.

Welche Tiere sind mit den Zebras verwandt?

Wildpferd

Onager

Somali-Wildesel

Przewalski-Pferd

Feuerwehreinsatz bei den Seelöwen

Tierpfleger Axel fängt morgens immer mit derselben Arbeit an: Er macht rund um das Seelöwenbecken sauber. Zuerst kehrt er zusammen, was den Besuchern heruntergefallen ist: Orangenschalen, Plastiktüten, ein Babyschuh, eine Brille. Dann spritzt er mit dem Schlauch alles nass und schrubbt den Boden gründlich ab. Die Seelöwen kennen das schon.

Sie warten auf den Augenblick, wenn Axel den Schlauch hinlegt und mit dem Schrubber arbeitet. Diego, Molly und Silly kommen sofort aus dem Wasser und spielen mit dem Schlauch. Zuerst wirft der eine die Gummischlange in die Luft, der zweite fängt sie auf und will damit ins Wasser entkommen. Aber da packt der dritte den Schlauch und zieht daran, so fest er kann. Das hält kein Schlauch aus. Die spitzen Zähne bohren viele kleine Löcher hinein, aus denen jetzt das Wasser spritzt.

Axel dreht sich um, sieht die Bescherung und schimpft: „Ja, habt ihr es mal wieder geschafft, ihr Wasserratten! Wartet nur." Dann nimmt er den Schlauch und spritzt die Robben damit nass. Plitsch, platsch, plumps sind alle drei Tiere wieder im Wasser. Denn mit Wasser bespritzt zu werden – das mögen sie überhaupt nicht.

Nachmittags führen die Seelöwen den Zoobesuchern ihre Kunststücke vor. Axel tritt mit einem Eimer Fische und einer kleinen Pfeife im Mund an den Beckenrand und ruft die Tiere zu sich. Zuerst Molly und Silly. Sie sollen sich mit ihren Vorderflossen auf Betonklötze stützen. Dafür gibt es einen Pfiff und einen Fisch. Dann machen beide das Maul auf und lassen Axel ihre Zähne kontrollieren. Auch dafür gibt es einen Pfiff und einen Fisch. Jetzt sollen die beiden ihre Hinterflossen hochheben. Wieder ein Pfiff und ein Fisch.

Und weiter geht's im Wasser: Die Seelöwen jonglieren geschickt bunte Bälle auf ihrer Nase. Dann springen sie durch einen Reifen, den Axel an seinem ausgestreckten Arm über das Wasser hält. Als sie schließlich noch einen Salto machen, klatschen die Zuschauer begeistert. Zuletzt bringen sie einen Schwimmreifen mit der Schnauze ans Ufer. Auch Diego, der Seelöwenbulle, macht bei allen Kunststücken mit. Und so bekommt auch er für jedes Kunststück einen Pfiff und einen Fisch. Warum der Pfiff? Weil er dem Tier sofort sagt: Du hast das gerade richtig gemacht, auch wenn der Belohnungsfisch vielleicht erst etwas später kommt.

Von Zeit zu Zeit muss das Becken der Seelöwen gründlich gereinigt werden. Dazu muss die Feuerwehr kommen. Denn bei der Feuerwehr gibt es gut ausgebildete Taucher, die auch mit schwierigen Aufgaben fertig werden: Sie müssen die große Unterwasserscheibe reinigen, die Wände abschrubben und dann den ganzen Dreck absaugen.

Ein Tauchereinsatz mitten unter verspielten Seelöwen ist besonders schwierig. Denn die Taucher müssen aufpassen, dass es ihnen nicht so geht wie Axels Wasserschlauch und die Seelöwen mit ihren spitzen Zähnen Löcher in die Taucheranzüge beißen. Trotzdem freuen sich die Feuerwehrtaucher immer schon auf ihren Einsatz im Seelöwenbecken. Denn sie sind sehr beeindruckt, wie geschickt sich die Tiere im Wasser bewegen und wie pfeilschnell sie umherflitzen, um dann ganz plötzlich auf der Stelle stehen zu bleiben.

Besonders gern kurven die Seelöwen um die Taucher herum und jagen nach den Wasserblasen, die von den Tauchermasken nach oben steigen. Welch ein Riesenspaß für die Seelöwen, denn nun ist endlich mal etwas los in ihrem Swimmingpool.

Schon gewusst?

Wie klug sind Seelöwen?

Wie kommt es, dass Seelöwen so viele fantastische Kunststücke lernen können? Sie müssen doch in ihrer natürlichen Umwelt weder Bälle balancieren noch durch Reifen springen, um zu überleben. Aber es geht hier nicht um die einzelne Übung, sondern um so etwas wie Talent und Veranlagung von Kopf und Körper. Der Körper der Seelöwen ist perfekt angepasst an das Leben als Raubtier im Wasser. Um Fische in ihrem Element zu erwischen, müssen die Räuber schneller und wendiger sein als ihre Beute. Aber für die Jagd ist auch die gute Mischung aus Neugier, Spaß am Spiel, Lerneifer und Klugheit sehr nützlich, die Seelöwen auszeichnet. Diese Mischung hilft ihnen, in ihrer natürlichen Umwelt einfallsreiche Jagdmethoden für schwierige Beute zu erfinden.

Wenn Seelöwen langweilig ist

Im Zoo dagegen ist alles begrenzt: die Bewegungsmöglichkeiten im Schwimmbecken, das Futter, die Kontakte zu anderen Tieren und die anregenden Erlebnisse. Das Ganze nennt man dann Langeweile, was für neugierige, verspielte, lernbegierige und kluge Tiere eine Qual ist. Doch dann kommt der Tierpfleger und bringt mit Spielzeug und ständig wechselnden Aufgaben Schwung in das Leben im Zoo.

Kein Wunder, dass die Tiere mit Feuereifer bei der Sache sind. Und ganz nebenbei helfen bestimmte Dressuren den Pflegern, bei den Seelöwen Gesundheitskontrollen durchzuführen und Krankheiten zu behandeln.

Dieses medizinische Training kam mit der Delfinhaltung aus Amerika in unsere Zoos. Inzwischen aber wird es bei immer mehr Tieren erfolgreich angewandt, sogar bei Hyänen. Bei gefährlichen Tieren bleibt natürlich immer ein Gitter zwischen Mensch und Tier. Und trotzdem funktioniert die Dressur ausschließlich mit Pfiff und Belohnung. Für die Beziehung zwischen dem Zootier und seinem Tierpfleger ist die Dressur in jedem Fall eine Bereicherung, die es beiden ermöglicht, viele neue schöne Erfahrungen zu machen.

Wer gehört noch zur Familie der Robben?

Seebär

Walross

See-Elefant

Eine Schildkröte ist kein D-Zug

Noch liegen die beiden Spornschildkröten faul in ihrem Häuschen mit Fußbodenheizung und Wärmestrahler. Draußen scheint zwar schon die Sonne, aber den beiden Afrikanern ist es noch nicht warm genug. Außerdem warten sie darauf, dass ihre Pflegerin Lisa ihnen ihr Futter bringt. Als Lisa dann endlich mit Heu, frischem Gras und Möhrenscheibchen im Gehege erscheint, kommen Sigati und ihr Männchen so schnell es geht zum Futterplatz.

Aber dann hat Sigati doch keinen rechten Appetit. Nach ein, zwei Bissen beginnt sie ihre Wanderung durch das Gehege. Immer wieder riecht sie am Boden, bis sie eine Stelle mit feuchter Erde findet. Sigati beginnt nun, langsam und stetig mit den Hinterbeinen zu graben. Endlich ist die Grube so tief, wie Sigatis Beine lang sind.

Die Schildkröte ruht sich nun ein wenig aus. Dann presst sie ganz langsam viele weiße Eier aus dem Schwanz. Eins nach dem anderen fängt sie mit den Hinterbeinen auf und lässt es in die Grube gleiten. Nach etwa einer Stunde ist die Grube fast voll. Zuletzt schaufelt Sigati die ausgegrabene Erde mit den Hinterbeinen zurück auf die Eier, drückt sie mit dem Panzer fest und geht erschöpft davon.

39

Tierpflegerin Lisa hat schon auf die Eiablage der Schildkröte gewartet und daher Sigati den ganzen Morgen beobachtet. Da es im Gehege nicht warm genug für die Eier ist, gräbt Lisa sie mit einer Plastikschaufel ganz vorsichtig wieder aus und trägt sie dann in einer Schüssel in den Brutraum für Reptilieneier.

Nach einigen Monaten ist es dann so weit. Lisa beobachtet, wie die ersten Schildkröteneier von innen angeritzt werden. Bald darauf schaut schon das eine oder andere Köpfchen aus der Eischale. Aber dann haben es die Babys auf einmal doch nicht mehr so eilig. Einen ganzen Tag, manchmal sogar noch länger, hocken sie in ihren Eiern, als würden sie auf etwas warten. Und das tun sie auch. Sie warten darauf, dass sich der Rest des gelben Dottersacks in ihren Bauchnabel zurückzieht. Dann erst sind sie bereit, ihr Schildkrötenleben zu beginnen. Vollkommen selbstständig und genau wie die Großen gehen sie in dem warmen Terrarium auf Futtersuche, baden und trinken in der flachen Wasserschale und verkriechen sich zum Schlafen unter Heu und Rindenstücken.

Schon gewusst?

Schildkröten im Sommerschlaf

Spornschildkröten leben in Afrika und zwar dort, wo auch Elefanten, Giraffen und Zebras leben: in der Savanne. Aber im Gegensatz zu den großen Säugetieren können die Schildkröten nicht weiterwandern, wenn das Futter durch große Hitze und Trockenheit knapp wird. Sie können nur überleben, weil sie sehr genügsam sind und sogar aus vertrockneten Pflanzen noch einige Nährstoffe gewinnen können. Wenn es dann doch zu heiß und zu trocken wird, vergraben sich die Tiere möglichst tief im Boden, wo es etwas kühler und feuchter ist. Sie halten dann einen Sommer- oder Trockenschlaf.

Mädchen oder Junge?

Anders als bei Säugetieren kann man bei Schildkröten bestimmen, ob die Nachkommen weiblich oder männlich sein sollen. Es hängt nämlich von der Brutwärme ab, ob aus einem Ei ein Männchen oder ein Weibchen schlüpft. Da im Zoo mehr Weibchen als Männchen schlüpfen sollen, legt man die Eier in zwei unterschiedlich warme Brutbehälter. In der Natur dagegen ist es reiner Zufall, wie warm die Eier liegen und ob dann später ein Männchen oder Weibchen daraus schlüpft.

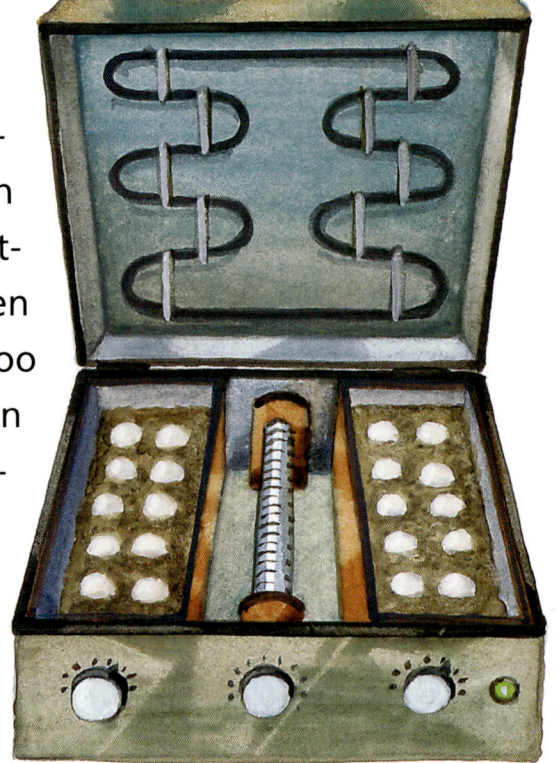

Kluge Schildkrötenkinder

Schildkrötenmütter müssen sich nicht um ihre Jungen kümmern, da diese von Geburt an schon alles wissen, auch was sie fressen können und wie sie sich schützen müssen. Ihr anfangs noch weicher Panzer hilft ihnen dabei kaum, denn Raubtiere fressen ihn einfach mit. Deshalb verbringen die Kleinen die meiste Zeit unter Pflanzen oder sind in der Erde vergraben. Erst später, wenn sie etwa handgroß sind, vertrauen die Tiere auf den Schutz des Panzers. Fühlen sie sich bedroht, ziehen sie mit einem lauten Zischen oder Fauchen Kopf und Beine in den Panzer zurück. Vorne werden die Öffnungen mit dem unteren Teil der Vorderbeine und hinten mit den Sohlen der Hinterfüße fest verschlossen. Von einer solchen Dose lassen viele Räuber die Finger und fangen lieber eine weichere Beute.

Verschiedene Schildkröten-Arten

Griechische Landschildkröte   Galapagos-Riesenschildkröte   Dosenschildkröte

Eine Eisbombe für die Eisbären

Eisbärin Pola ist schon seit langer Zeit allein, als der Eisbärmann Mari im Zoo eintrifft. Mari ist noch in einer Kiste. Pola kann ihn im Innenstall schnaufen hören, sehen kann sie ihn nicht.

Einige Tage später hat Tierpfleger Roland das Außengehege mit einem Gitter in zwei Gehege unterteilt. Dann lässt er die Bären nacheinander nach draußen. Jetzt können sie sich hören, sehen und riechen, aber leiden können sie sich noch nicht. Nur das Gitter verhindert ein paar üble Attacken. Roland beobachtet das gelassen, da Eisbären immer viel Zeit brauchen, um sich anzufreunden.

Nach Monaten ist das Trenngitter dann endlich zum Schmusegitter geworden, und Roland traut sich, die Bären zusammenzulassen. Als er im nächsten Dezember wie jeden Tag den Innenstall kontrolliert, hört er in der dunkelsten Ecke bei Pola ein Piepsen. Er spitzt die Ohren: Es sind sogar zwei, die da piepsen. Jetzt heißt es Ruhe bewahren, nur nicht stören, viele Wochen lang. Die Bärin bleibt die ganze Zeit unsichtbar in ihrem Stall. Und eines Tages wird seine Geduld belohnt: Pola kommt aus dem dunklen Stall und führt zwei pummelige Babys ins Frühlingslicht.

Drei Jahre sind vergangen. Die beiden Eisbärenkinder leben inzwischen in einem anderen Zoo, und Mari und Pola sind wieder allein. Jetzt im Sommer sind sie ziemlich schlapp. Ihr Tierpfleger Roland überlegt daher, wie er die beiden auf Trab bringen kann. Und er hat auch schon eine Idee: Er verteilt Äpfel, Möhren und ein paar kleine Fische auf zwei Eimer, füllt die Eimer mit Wasser auf und bringt das Ganze in die Gefrierkammer des Zoos. Dann hängt er noch einen Strick in einen Eimer.

Nach zwei Tagen sind die Eisbomben für die Eisbären fertig. Während Mari und Pola noch im Innenstall sind, hängt Roland die eine Eisbombe mit dem Strick draußen an der Mauer auf. Die andere wirft er in den Swimmingpool. Mari springt in den Pool und versucht, nach der Eisbombe zu greifen, doch sie rutscht ihm immer wieder aus den mächtigen Tatzen. Er schwimmt und taucht, bis das Eis im Wasser aufgetaut ist und er das Obst und die Fische endlich fressen kann.

Pola hingegen wartet nicht, bis ihr Eisklotz auftaut. Sie hilft mit Zähnen und Krallen kräftig nach. Dabei zerreißt und zerkratzt sie das Obst und die Fische in tausend kleine Stückchen, die sie nicht mehr kauen, sondern nur noch aufschlecken muss. Die Eisbären sind zwar nicht satt geworden, aber sie hatten viel Spaß und Bewegung trotz der Hitze.

Schon gewusst?

Wunderbar geborgen

In der Arktis werden Eisbären-babys mitten im Winter geboren. Schon Wochen vorher hat die Bärin eine Schneehöhle gegraben und sich dort einschneien lassen. Hier bringt sie dann meist zwei kaninchengroße, fast nackte Junge zur Welt, die bei der Geburt blind und taub sind und nur ein halbes Kilo wiegen. Gut versorgt mit nahrhafter Milch wachsen die Kleinen sehr schnell: Nach acht Wochen wiegen sie bereits 10 bis 15 Kilogramm. Die Mutter aber frisst nichts. Sie

zehrt von ihrem Körperfett. Erst im März oder April kommen die Bären-kinder zum ersten Mal ans Tageslicht. Ihre Mutter ist inzwischen sehr schlank geworden, während die kleinen Bären jetzt schon ein dichtes Fell haben und sehr lebhaft sind. Sie tapsen hinter ihrer Mutter her, die so schnell wie möglich Nahrung für sich beschaffen muss.

Das größte Landraubtier der Erde

Um an die begehrten Robben zu kommen, muss die Bärin nun mit ihren Jungen den weiten Weg zum Eismeer zurücklegen, wo die Robben leben. Die Bärin kann sie einen Kilometer weit über dem Eis riechen. Sie legt sich an den Atemlöchern der Robben auf die Lauer, manchmal stunden-lang, und schlägt die Robbe, sobald sie zum Luftholen aus dem Eisloch auftaucht. Die kleinen Eisbären müssen derweil in einiger Entfernung warten, da sie bei der Jagd nur stören würden. Das wird sich im Lauf der

Zeit allmählich ändern. Dazu muss ihre Mutter ausreichend Jagdglück haben, was nicht ganz leicht ist, da sie bei sechs Jagdversuchen im Schnitt nur einmal Erfolg hat.

Im Alter von etwa 18 Monaten müssen die jungen Eisbären dann auf eigene Faust jagen. Ob sie das schaffen oder nicht, davon hängt ihr Leben ab. In Freiheit wird nur die Hälfte aller Eisbärjungen erwachsen. Dann sind sie aber mit allen Wassern der Arktis gewaschen und stark genug, um in dieser Umwelt zu überleben.

Wenn sich das Klima allerdings weiter erwärmt und dadurch das arktische Eis schmilzt, brauchen Robben keine Atemlöcher mehr, an denen ihnen die Eisbären auflauern können. Das größte Landraubtier der Erde würde dann keine Beute mehr finden. Denn so gut Eisbären auch schwimmen können, im Wasser erwischen sie weder Robben noch Fische.

Wer ist mit den Eisbären verwandt?

Kodiakbär

Grizzlybär

Braunbär

Wenn ein Wildpferd zu wild wird

Tierpfleger Kai liebt seine sandfarbenen Wildpferde. Aber ihr Name macht den Zoobesuchern immer wieder Probleme. Jeden Tag muss er x-mal erklären, wie man Przewalski ausspricht, nämlich Pschewalski. Und Kai hat doch noch so viel anderes zu tun ...

Heute darf die Stute Askania mit ihrem Fohlen zum ersten Mal zu den anderen Stuten in das Außengehege. Kai muss jetzt gut aufpassen und immer bereit sein einzugreifen. Denn wenn ein neugeborenes Fohlen in die Herde kommt, werden die Stuten manchmal sehr zudringlich in ihrer Neugier oder sogar eifersüchtig, wenn sie selbst kein Fohlen haben. Diesmal geht alles friedlich ab, und das Fohlen kann bald in aller Ruhe bei der Mutter trinken.

Währenddessen wiehert Koniak, der Leithengst, aufgeregt im Nachbargehege. Er trabt am Zaun hin und her, steigt hoch und schlägt mit den Hufen gegen den Zaun. Nur gut, dass der Zaun dem Ansturm standhält. Denn dieses Wildpferd ist gerade wirklich ein wildes Pferd, und ein kleines Fohlen könnte leicht unter seine Hufe geraten.

Askanias Tochter ist in den letzten Wochen ziemlich gewachsen. Mittlerweile ist sie auch nicht mehr allein, da die Stute Jema auch eine Tochter bekommen hat. Alle könnten zufrieden sein, wenn nicht Koniak seine wachsende Herde unruhig machen würde. Diese Unruhe lässt er an seinen Stuten aus. Besonders Rania wird oft von ihm gebissen. Kai sieht das mit Sorge. Muss er Rania aus der Herde nehmen, um sie zu schützen?

Da erfährt er von einem neuen Spielzeug, das Tieren helfen soll, ihren Stress loszuwerden. Er beschafft sich den gelben, stabilen Ball und lässt ihn langsam auf Koniak zu rollen. Der stutzt und weicht zurück. Doch dann siegt die Neugier. Er schnuppert an dem Ball, und es dauert gar nicht lange, da spielt er Hufball. Unglaublich, welche Tritte und Hüpfer Koniak vollführen kann, um den Ball in Bewegung zu halten. Jetzt darf er jeden Tag für ein oder zwei Stunden mit dem Ball herumtoben. Dabei wird er langsam friedlicher.

53

Schon gewusst?

Wenn Tiere Ball spielen

Die gelben Bälle, die Koniak geholfen haben, wurden eigentlich für Ferkel erfunden, damit sie sich in den engen Ställen nicht gegenseitig die Schwänze abknabbern. Selbst der schönste Käfig bedeutet für das Tier Gefangenschaft, was oft Stress verursacht. Beim Spielen entspannt sich das Tier. Im Zoo gibt man die Bälle auch größeren Tieren wie Löwen. Sie wälzen sich dann wie kleine Kätzchen mit dem Ball zwischen den Pranken auf dem Boden.

Die fliegenden Pferde

Die Przewalski-Wildpferde gehören zu den Vorfahren unserer Hauspferde. Ihre Heimat waren die mongolischen Steppen, wo sie erst spät von dem Russen Przewalski entdeckt wurden. Aber kaum dass sie entdeckt wurden, wurden sie auch schon ausgerottet. Es überlebten nur

wenige Tiere in verschiedenen Zoos. Mit ihnen begann man die Zucht. Und heute gibt es schon wieder so viele Tiere, dass man einige nach und nach auswildern kann. China bemüht sich, die Wildpferde zurück in die mongolisch-chinesischen Steppen zu bringen. Dazu werden mehrere junge Wildpferde aus verschiedenen Zoos in aller Welt in einem Frachtflugzeug nach China geflogen. Ihre Pfleger begleiten sie, um die Tiere während der Reise zu versorgen.

Rückkehr in die Wildnis

In China werden die Przewalski-Pferde dann mit Lastwagen zu einem Eingewöhnungscamp transportiert. Die Gehege sind noch ziemlich klein und mit Schutzhütten versehen. Hier lernen die Pferde das andere Klima, das unbekannte Futter und die neuen Pfleger kennen. Dann reisen ihre alten Pfleger ab. Nach einigen Monaten ziehen die Pferde nun in riesige Umzäunungen um, ohne Schutzhütten und mit sehr wenig Pflege. Das ist schon die erste Stufe zur Rückkehr in die Freiheit. Einige Zeit später öffnen sich auch die letzten Türen, und die Wildpferde sind von nun an auf sich selbst gestellt. Dieses Programm ist sehr erfolgreich. Dass bereits einige Fohlen in Freiheit geboren sind und jetzt durch die karge Landschaft traben, ist der beste Beweis dafür. Für diese Wildpferde ist der Zoo zur wahren Arche Noah geworden. Denn hier konnten sie vor der endgültigen Ausrottung gerettet werden.

Verwandte des Przewalski-Pferds

Konik

Senner Pferd

Tarpan

Ein neuer Vater für die Nasenbären

Als Tierpfleger Kalle morgens zu seinen Nasenbären kommt, turnt Fanny schon am Gitter herum. „Hallo, Schätzchen", begrüßt Kalle sie. „Was ist denn hier los? Warum bist du nicht bei deinen Kindern?" Die Nasenbärenmutter kann natürlich nicht antworten, und so schaut Kalle sofort in der Wurfbox nach. Da sieht er die Bescherung: Dort liegen schon zwei tote Junge, die beiden anderen bewegen sich kaum noch. Offensichtlich hat die Mutter ihre Kinder verlassen.

Kalle weiß genau, was jetzt zu tun ist. Vorsichtig nimmt er die beiden lebenden Babys und legt sie in eine alte Wollmütze, die er extra für solche Fälle aufgehoben hat. Dann trägt er die Mütze zu einem kleinen Käfig und hängt darüber eine Wärmelampe auf. Immer wieder prüft er mit der Hand, ob es auch nicht zu warm unter der Lampe ist. Jetzt brauchen die Kleinen schnell etwas zu trinken. Kalle rührt spezielles Milchpulver mit warmem Wasser an und füllt es in eine winzige Nuckelflasche. Schwach wie sie sind, trinken die Kleinen nur ein paar Tropfen und schlafen dann ein.

58

Kalle hat seine Sache gut gemacht. Alle zwei Stunden, Tag und Nacht, hat er seine beiden Nasenbärenkinder Henry und Nicky gefüttert und sauber gemacht. Abends hat er sie sogar mit nach Hause genommen. Dort stand ihr Käfig neben seinem Bett. Der erste Käfig ist schon zu klein geworden. Die Bärenkinder trinken inzwischen ihre Fläschchen in Rekordgeschwindigkeit leer.

Dann wollen sie spielen, aber natürlich nicht im Käfig. Wenn Kalle in der Futterküche das Futter für die großen Nasenbären vorbereitet, helfen die Kleinen nach Kräften mit. Oder sie benutzen ihren Adoptivvater als Turngerät. Oder sie wuseln am Boden herum, immer zwischen Kalles Füßen. Er muss dann höllisch aufpassen, dass er nicht auf seine Ziehkinder tritt. Oder sie durchstöbern das Regal, in dem Kalle verschiedene Geräte und Schüsseln aufbewahrt. „Naseweise Bande", brummt Kalle, sammelt sie schließlich ein und steckt sie wieder in ihren Käfig.

Natürlich protestieren die beiden. Mit ihren kleinen, schwarzen Nasen prüfen sie, ob sie nicht doch irgendwo zwischen den Gitterstäben hindurchpassen. Endlich schlafen sie ein.

Kalle überlegt sich, wie er die beiden kleinen Nasenbären zurück zu den Großen bringen kann. Er darf sie nämlich nicht einfach in deren Käfig lassen. Henry und Nicky würden sofort totgebissen. Denn Fanny und Pako erkennen ihre Kinder nicht und halten sie daher für Eindringlinge. Die vier Tiere müssen sich jetzt kennenlernen, als wären sie völlig Fremde. Deshalb ist im großen Nasenbärenkäfig ein Teil abgetrennt. Dort wohnen nun die Kleinen. Wie ihre Eltern fressen sie schon Fleisch, Obst und Gemüse. Zunächst können sich die vier Tiere nur geschützt am Trenngitter treffen. Pako startet anfangs heftige Angriffe am Gitter. Fanny versucht wütend, den Maschendraht durchzunagen. Das ist wirklich kein sehr freundlicher Empfang.

Aber im Lauf der Zeit gewöhnen sich die Tiere daran, einander zu hören, zu sehen und zu riechen. Eines Tages öffnet Kalle die Tür zwischen den Käfigen. Fanny stürzt sofort auf Nicky zu und beißt ihn. „Also war es doch noch zu früh", denkt Kalle. Dann lockt er Fanny aus dem Käfig der Kleinen heraus und verschließt die Tür wieder. Beim nächsten Versuch hat Nicky Angst vor Fanny und versteckt sich. Aber Henry wird nicht gebissen. Da die Großen jetzt friedlicher sind, dürfen die vier Nasenbären von nun an jeden Tag einige Stunden zusammen verbringen.

Schon gewusst?

Klein, aber oho!

Nasenbären leben in Südamerika. Wie die Waschbären in Nordamerika können sie sich gut auf verschiedene Lebensumstände und Futterangebote einstellen. Beide Kleinbären lernen sehr schnell und sind äußerst neugierig. Sie klettern und graben und fressen beinahe alles, was sie erbeuten oder knacken können. Waschbären sind nachts aktiv, Nasenbären dagegen überwiegend am Tag. Sie können auch besser riechen als Waschbären und übertreffen darin sogar Hunde.

Wilde Haustiere

Immer wieder lassen sich Menschen vom Charme der Nasenbären dazu hinreißen, Jungtiere zu Hause zu halten. Sie müssen dann feststellen, dass die neugierigen, kleinen Nasenbären mit ihren Kletterkünsten, den scharfen Krallen und ihrem Raubtiergebiss jede Wohnung im Nu verwüsten. Dabei sind die Tiere so niedlich und zutraulich, dass man ihnen anfangs kaum böse sein kann. Das ändert sich spätestens dann, wenn so ein Hausnasenbär erwachsen wird. Denn er hält seine Besitzer für seinesgleichen. Und Nasenbären gehen nicht unbedingt zimperlich miteinander um. Wer sich da durchsetzen will, beißt schon einmal herzhaft zu, ohne Rücksicht wohin und wie tief.

Von Bären und Menschen

Wenn wir im Zoo eine Gruppe Nasenbären sehen, die ihrem Pfleger anscheinend zahm aus der Hand fressen, ist die Situation völlig anders. Denn hier leben sie in ihrer Nasenbären-Gruppe zusammen. Der Pfleger ist zwar vertraut und beliebt, weil er ihnen das Futter bringt. Aber er spielt in ihrer Gruppe keine Rolle. Sie wollen weder kuscheln noch von ihm gestreichelt werden. Nasenbären lassen Menschen nicht zu nah an sich herankommen, sondern halten eine gesunde Distanz zu ihnen. Und das ist gut so.

Wer ist mit den Nasenbären verwandt?

Wickelbär   Waschbär   Kleiner Panda (Katzenbär)

Vorhang auf für die Delfine

Gestern hat Miranda ihr erstes Kind bekommen. Die Geburt ging schnell. Zuerst sah man nur die Schwanzflosse, die Fluke genannt wird. Dann rutschte das ganze Delfinchen aus dem Bauch der Mutter. Es bewegte sich etwas hin und her, sank dabei aber immer tiefer. Sogleich half die Mutter ihrem Kind, die Wasseroberfläche zu erreichen. Jetzt endlich konnte es seinen ersten Atemzug tun.

Seit heute heißt der Kleine Nepomuk. Er bewegt sich schon viel besser, hält sich dabei aber immer dicht neben seiner Mutter. Die schwimmt langsam im Becken herum und bugsiert ihr Junges in kurzen Abständen immer wieder an die Oberfläche. Man muss schon genau hinsehen, um zu erkennen, wie der kleine Delfin atmet. Er streckt nämlich nicht seine Nase aus dem Wasser, sondern öffnet ein Loch oben auf dem Kopf. Das ist sein Atemloch. Delfine atmen also Luft. Sie sind nämlich keine Fische, sondern Säugetiere wie Hunde oder Mäuse. Deshalb bekommt Nepomuk von seiner Mutter auch Milch, genau wie kleine Hunde, aber eben unter Wasser, mit angehaltenem Atem.

Während Miranda und Nepomuk in einem abgetrennten Becken umherschwimmen, tummeln sich Benita, Nala und Elliot im großen Becken. Die Pfleger überprüfen heute, ob alle Delfine gesund sind. Gerade gleitet Elliot mit Schwung ans Ufer, direkt vor die Füße seines Pflegers Peter. Elliot macht sein Maul auf und lässt seine kleinen, spitzen Raubtierzähne kontrollieren. Zur Belohnung gibt es einen Pfiff und einen Fisch.

Nachdem auch Benitas und Nalas Zähne untersucht worden sind, wird ihre Atemluft überprüft. Dazu hält Peter eine kleine Schale über das Atemloch, und jeder Delfin hustet einmal kräftig nach oben. Später wird der Tierarzt die Tröpfchen in der Schale untersuchen und feststellen, ob die Lungen der Tiere gesund sind. Auch nach dieser Untersuchung gibt es einen Pfiff und einen Fisch.

Zuletzt wird den Delfinen noch Blut abgenommen. Das geht am besten an der Fluke. Eine Nadel mit einem dünnen Schlauch daran wird in eine Ader gestochen, und dann wird ein Röhrchen mit Blut abgezapft. Wieder gibt es einen Pfiff und einen Fisch. Nach der Untersuchung beginnt dann endlich die Spielstunde.

In der Spielstunde können die Delfine machen, was sie wollen. Heute haben sie einen großen, leeren Plastikkanister und lange Bänder zum Spielen bekommen. Elliot liebt es, den Kanister mit der Schnauze in die Luft zu schleudern. Benita und Nala vergnügen sich mit den Bändern, die sie quer durch das Becken ziehen.

Später bei der Vorstellung zeigen die Delfine dann, was sie gelernt haben. Elliot macht einen Kopfstand im Wasser und wedelt mit der Fluke in der Luft. Nala macht es umgekehrt: Sie reitet auf der wild wirbelnden Fluke und lässt sich danach mit einem Riesenplatscher zurück ins Wasser fallen. Die Zuschauer in den ersten Reihen schreien laut auf, weil sie dabei nass werden.

Inzwischen hat Benita mit der Schnauze ein Seil von einer Seite des Beckens zur anderen getragen. Dann hat Peter das Seil straff über das Wasser gespannt. Das ist für die Delfine das Zeichen zum Springen. Sie hechten über das Seil, machen Saltos oder springen alle gleichzeitig. Nach jedem gelungenen Kunststück pfeift Peter. Der Pfiff und der Spaß an der Bewegung sind den Tieren Belohnung genug.

69

Schon gewusst?

Können Delfine lachen?

Delfine sehen so aus, als würden sie immer lächeln. So kommt es uns wenigstens vor, sicher auch, weil die Tiere sehr menschenfreundlich sind. Zudem sind sie außerordentlich gelehrig. Kein Schimpanse, Orang-Utan oder Gorilla lernt so schnell und leicht wie ein Delfin. Das wissen wir aber erst, seit wir Delfine in sogenannten Delfinarien halten können. Der Aufwand ist enorm. Denn die Becken müssen riesig sein. Das Wasser muss sehr sauber sein und einen ganz bestimmten Salzgehalt haben. Außerdem sind ständige Gesundheitskontrollen nötig, um sie gleich bei den ersten Krankheitszeichen medizinisch versorgen zu können. Deshalb finden wir nur in wenigen Zoos Delfine. Aber dort, wo sie gehalten werden, geht es ihnen inzwischen so gut, dass auch Junge geboren werden – ein sicheres Zeichen für das Wohlbefinden der Tiere.

Geschickte Jäger

Bei aller Zuneigung für diese eleganten Tiere darf man aber nicht vergessen, dass Delfine Raubtiere sind. Mithilfe von Schallwellen können sie Schollen sogar aufspüren, wenn sie sich im Sand vergraben haben. Einen Schwarm Sardinen dagegen jagen Delfine ganz anders: Als hätten sie sich abgesprochen, umzingeln sie zuerst den Sardinenschwarm.

Dabei lassen sie Luftblasen aufsteigen, die eine Art Vorhang um die Sardinen bilden und sie so an der Flucht hindern. Dann greifen die Delfine an und geben nicht auf, bis auch der letzte Fisch aufgefressen ist.

Delfin oder Hai?

Im offenen Meer ist ein Hai gut daran zu erkennen, dass Rücken- und Schwanzflosse senkrecht aus dem Wasser schauen. Bei Delfinen und Walen dagegen liegt die Fluke immer waagerecht im Wasser.

Drei Verwandte von Miranda und Nepomuk

Mittelmeerdelfin

Flussdelfin

Orca

Ein Katta auf Abwegen

Heute beobachtet Tierpfleger John, dass die Kattazwillinge zum ersten Mal selbstständig Kletterversuche unternehmen. Sie sind jetzt drei Wochen alt und haben die gleichen Ringelschwänze wie die Alten. Anfangs waren sie schwer zu entdecken, festgekrallt im Bauchfell der Mutter und völlig nackt.

Nun beginnt ein lustiges Leben für die Kleinen. Denn alle erwachsenen Kattas sind ganz verrückt nach Kattababys. So dauert es gar nicht lange, bis sie die beiden Kleinen umhertragen. Sie spielen mit ihnen, säubern ihr Fell und passen bei ihren Kletterversuchen auf sie auf. Nur füttern können sie sie nicht, denn Muttermilch hat eben nur die Mutter.

Sobald John in den Käfig kommt, ist er von seinen Kattas umringt. Zutraulich nehmen sie Heuschrecken oder Obststückchen aus seiner Hand. Bei dieser Gelegenheit begutachtet John auch den Nachwuchs: Sind die Kleinen kräftig genug? Haben sie einen runden Bauch, weil sie genügend Milch trinken? Ist das Fell sauber? Und seine Erfahrung sagt ihm: Hier ist alles in Ordnung.

74

Monate sind schon vergangen, und die kleinen Kattas sind inzwischen groß geworden. Wie die Alten springen und klettern sie im Freigehege geschickt in den Bäumen herum, immer auf der Suche nach etwas, womit sie spielen können.

Nach einem gewagten Sprung landet ein kleiner Katta plötzlich außerhalb des Geheges. Mit einem Mal findet er sich zwischen den Zoobesuchern wieder. Ängstlich flüchtet er auf den nächsten Käfig. Sogleich erscheint unter ihm der Luchs, der in dem Käfig lebt. Der sieht ein lebendiges Tier, scheinbar in seiner Reichweite! Er will es erbeuten und setzt schon zum Sprung an die Käfigdecke an. Der junge Katta bleibt ruhig sitzen, da er nicht weiß, dass Raubtierkrallen auch durch das Gitter hindurch kräftig zupacken können.

Zum Glück sind aber inzwischen die Tierpfleger alarmiert worden. Mit Stangen und Netzen scheuchen sie den Katta von dem Käfig herunter. Doch fangen lässt sich ein schlauer Katta so nicht. Das geht nur mit dem Narkosepfeil aus dem Blasrohr. Bald schon schläft der Ausreißer unter dem Busch ein, wo er sich versteckt hat. Und wenig später wacht er in seinem vertrauten Käfig wieder auf.

Schon gewusst?

Wenn Kattas sich nicht riechen können

Kattas leben am liebsten in offenen Landschaften mit hohem Gras und nur wenigen Bäumen und Sträuchern. Jeden Morgen nehmen sie zuerst ein Sonnenbad, bis ihnen warm genug ist für das Frühstück. Während sie dann am Boden auf Nahrungssuche gehen, recken sie ihren Ringelschwanz wie eine Fahne in die Höhe. So muss ein Katta nur kurz den Kopf heben, um an den Ringelschwänzen zu sehen, wo die anderen sind.

Aber gehören die anderen Kattas auch wirklich zu seiner Familie? Das sagt dem Katta seine Nase. Jedes Tier hat nämlich an den Händen Drüsen, die einen sehr persönlichen Duft absondern, an dem sie sich untereinander erkennen. Oder auch nicht. Dann bekommt der fremde Katta Ärger. Gegen eine Kattafamilie, die zusammenhält, hat ein Fremder so gut wie keine Chance. Im Zoo sind die Duftmarken eigentlich unnötig. Trotzdem hinterlassen die Kattas jeden Morgen neue Duftmarken im Gehege, häufig sogar an denselben Stellen wie am Vortag. Nach einiger Zeit bildet das Drüsensekret deutlich sichtbare Knubbel auf Stangen und Brettern, die dann der Tierpfleger von Zeit zu Zeit entfernen muss.

Von halben und echten Affen

Kattas gehören zu den Halbaffen, die die Vorfahren der Affen sind. Im Lauf der Zeit wurden sie aber fast überall auf der Welt stark zurückgedrängt von den echten Affen. Auf Madagaskar, einer Insel vor Südostafrika, gibt es auch heute noch nur Halbaffen. Von den winzigen Mausmakis bis zu den stämmigen Varis findet man hier viele verschiedene Halbaffenarten, die in den unterschiedlichsten Lebensräumen vorkommen. Einige von ihnen sind tag-, andere nachtaktiv.

Vorsicht, Langfinger!

Auch das sonderbare Fingertier gehört zu den Halbaffen. Mit seinem überlangen Mittelfinger klopft es auf Holz und hört mit seinen übergroßen Ohren, ob sich darin eine Raupe versteckt hat. Dann benutzt es seinen Finger wie eine Angel, um an die Raupe heranzukommen.

Weitere Halbaffen

Roter Vari

Schwarzweißer Vari

77

Wer mit den Wölfen heult

Tierpflegerin Maja legt den Kopf in den Nacken, formt mit den Händen einen Trichter und beginnt dann, wie ein Wolf zu heulen. Zuerst tief und leise, dann immer lauter und höher. Am Ende wird ihr Geheul wieder leise. Schon kommt die vielstimmige Antwort. Maja kann ihr Wolfsrudel zwar nicht sehen, da sich die Tiere in dem weitläufigen Gehege versteckt haben. Doch aus dem Chor hört sie deutlich die Stimmen der einzelnen Wölfe heraus. Da sind Lupo und Afra, die beiden Leitwölfe und Eltern der anderen Wölfe. Sie erkennt auch Gandalf und Belana, die Jungwölfe vom vorigen Jahr. Die hohen Stimmchen gehören den beiden Welpen.

Jetzt betritt Maja durch die Sicherheitsschleuse das Wolfsrevier. Sie muss nur kurz warten, dann kommen die Tiere auch schon angestürmt. Die Wölfe begrüßen Maja mit angelegten Ohren und einem freundlichen Gesicht und wedeln dabei mit den Schwänzen. Lupo leckt ihr sogar über das Gesicht. Damit zeigt er ihr seinen Respekt und seine Freundschaft. Maja kennt ihre Wölfe schon, seit sie ganz klein waren, und versteht ihr Verhalten. Wenn sie mit ihnen zusammen ist, benimmt sie sich immer nach den Regeln der Wölfe, nicht nach den Regeln der Menschen.

Lupo, Afra und die anderen Wölfe stehen oft am Zaun und beobachten, was draußen passiert. Maja weiß dann, dass die Wölfe sich langweilen. Sie brauchen etwas zum Spielen und Toben. Aber was? Eines Tages zieht Maja einen orangen Wasserschlauch ins Gehege, weil sie den Futterplatz abspritzen will.

Gandalf und Belana sehen, wie der Schlauch sich bewegt, und stürzen sich darauf. Sie beißen in den Schlauch und ziehen mit aller Kraft daran, sodass Maja ihn loslassen muss. Wasser spritzt aus den Löchern, die die beiden Jungwölfe mit ihren scharfen Zähnen in den Gummischlauch gebissen haben. Schnell rennt Maja zum Wasserhahn und dreht ihn zu. Inzwischen spielen Gandalf und Belana Tauziehen mit dem Schlauch. Sie haben so viel Kraft, dass sie ihn in Stücke reißen. Einer der Welpen erwischt ein Stück und rennt im Gehege herum, als wollte er sagen: „Fangt mich doch!" Und sein Bruder tut ihm den Gefallen, und eine wilde Hetzjagd beginnt. Auch wenn sie den Wasserschlauch nun nicht mehr gebrauchen kann, freut Maja sich über das ausgelassene Spiel der Wölfe. Von nun an sammelt sie alte Schläuche und gibt sie den Wölfen, wenn ihnen mal wieder langweilig ist.

81

Schon gewusst?

Wilde Verwandte

Wölfe sind die Vorfahren all unserer Haushunde. Das ist genetisch bewiesen. Unklar ist nur, wie aus dem wilden Wolf zunächst ein zahmer Wolf und später dann ein Haushund wurde. Eine wichtige Rolle spielte dabei, dass Wölfe im Rudel zusammenleben. In einem

Rudel gibt es zwei Leitwölfe, einen Rüden und eine Wölfin, die man Alpha-Tiere nennt. Nur dieses Paar bekommt Junge und darf zuerst von der Beute fressen. Die anderen Wölfe im Rudel haben einen niedrigeren Rang. Das heißt, sie müssen bei der Jagd und bei der Aufzucht der Jungen mithelfen, haben aber nichts zu sagen. Diese Ordnung garantiert den Frieden im Rudel, allerdings nur so lange, bis die Alpha-Wölfe für ihre Aufgabe zu alt werden. Denn dann wollen sich die jungen Wölfe nicht mehr unterwerfen und kämpfen um die Macht im Rudel. Dabei gilt die Regel: Kein Wolf darf mit seinem furchtbaren Gebiss mit aller Kraft zubeißen. Und er tötet seinen Gegner auch nicht, wenn er am Boden liegt.

Warum heulen Wölfe?

Wenn Wölfe heulen, kann das heißen: „Wir sind ein Rudel Wölfe, und dieser Wald gehört uns. Bleibt weg hier, ihr fremden Wölfe!" In diesem Fall errichten die Wölfe mit ihrem Heulen eine Art Zaun zum Schutz gegen fremde Wölfe. Es kann aber auch heißen: „Wir sind hier. Wo seid ihr anderen?" Dann soll das Heulen dem Rudel helfen zusammenzufinden.

Wie gefährlich sind Wölfe?

Wölfe im Zoo sind interessant. Wölfe in Freiheit machen vielen Menschen dagegen Angst, vor allem wenn sie ihren Häusern zu nah kommen. Dabei gibt es Länder wie Rumänien, wo Wölfe und Bären in unmittelbarer Nachbarschaft der Menschen leben. Die Wölfe dort sind sehr scheu und haben noch nie einen Menschen angegriffen. Aber deren Haustiere würden sie schon gerne erbeuten. Deshalb werden Schafe und Ziegen nachts immer eingesperrt und am Tag von großen Schutzhunden bewacht. Die Menschen in Rumänien haben keine Angst vor den Wölfen, sondern haben gelernt, mit ihnen zu leben.

Einige Verwandte des Wolfs

| Weißer Alaska-Wolf | Kojote | Schakal | Haushund |

Massage für die Nashörner

Spitzmaulnashorn Cosima hat ein eigenes Badezimmer, direkt neben ihrem Schlafstall. Der starrt jeden Morgen vor Schmutz, denn Nashörner fressen unglaublich viel. Und fast genauso viel Mist hinterlassen sie dann auch, der morgens zum Teil an ihrem Körper klebt. Also Schiebetür auf und in den Waschsalon hinein.

Tierpfleger Jorgos hält schon den Schlauch mit warmem Wasser bereit. Cosima trottet zum Gitter und trinkt erst einmal ausgiebig aus dem Schlauch. Dann wird sie von oben bis unten nass gespritzt. Cosima dreht und wendet sich, und Jorgos spritzt Wasser bis in die kleinste Hautfalte.

Endlich bleibt das Nashorn am Gitter stehen. Jetzt kommt das Hauptvergnügen, die Bürstenmassage. Jorgos muss nicht durch die Käfigtür gehen, um zu Cosima zu gelangen. Denn die Gitterstäbe sind so weit auseinander, dass er mühelos hindurchschlüpfen kann. Jetzt bürstet er Cosima, mal fest, mal sanft, überall, wo sie es gernhat. Sie schließt die Augen, geht langsam in die Knie und legt sich schließlich hin. Sogar am Bauch lässt sie sich schrubben. Hautpflege ist eben wundervoll.

84

85

An diesem Morgen entdeckt Jorgos etwas, das ihm überhaupt nicht gefällt: Cosima hat sich einen Hufnagel eingerissen. Er ruft Tierpflegerin Andrea zu Hilfe. Denn um den Fuß zu behandeln, braucht er jemanden, der Cosima ablenkt. Fußpflege lässt sie nur über sich ergehen, wenn sie gleichzeitig mit Äpfeln, Möhren oder Brötchen gefüttert wird.

Während also Jorgos mit Hufmesser, Feile und Hufteer an Cosimas Huf arbeitet, langt die spitze Schnauze des Nashorns nach den Leckereien. Cosima lässt sie sich sogar auf die rosa Zunge schieben. Dabei unternimmt sie nicht den geringsten Versuch, Andrea zu beißen. Nashörner sind zwar wehrhaft und schnell, aber wenn sie Vertrauen gefasst haben und freundlich behandelt werden, zeigen sie sich von ihrer sanften Seite, jedenfalls ihren Pflegern gegenüber. Bei anderen Nashörnern sieht die Sache etwas anders aus.

Cosima ist nicht das einzige Nashorn hier im Zoo. Im Nachbargehege lebt Bulle Knorke. Er ist noch größer und nicht ganz so umgänglich. Aber wenn es kleine Nashörner geben soll, müssen die beiden hin und wieder zusammentreffen.

Heute ist so ein Tag, an dem Jorgos die beiden Nashörner zusammen in ein Gehege lässt. Und kaum dass Knorke und Cosima im selben Gehege sind, geht die Rangelei los. Beide scharren mit den Füßen, bis der Staub fliegt. Dann wird geschoben und gedrückt, verfolgt und geflohen und mit den Hörnern gekämpft. Heißt das jetzt, dass die beiden sich nicht leiden können? Im Augenblick mögen sie sich sicher nicht. Aber in den nächsten Tagen werden sie sich bestens vertragen.

Nashörner sind ausgemachte Einzelgänger. Dabei ist es völlig egal, ob sie sich nun in Freiheit oder im Zoo begegnen. Wenn sie sich treffen, ist ihnen das zunächst einmal unangenehm. Und bevor sie sich aneinander gewöhnt haben und das Zusammentreffen für sie angenehm werden kann, muss eben ein bisschen gerauft werden.

Schon gewusst?

Wer hat das größte Horn?

Die Nasenhörner der Nashörner
können ganz verschieden aussehen.
Das in Südostasien beheimatete
Panzernashorn hat nur ein Horn.
Die beiden afrikanischen Nashorn-
arten, das Spitzmaul- und das Breitmaulnashorn, haben dagegen zwei
Hörner. Aber man findet trotzdem
keine zwei Tiere, bei denen sie gleich
geformt sind. Im Zoo kann man die
unterschiedlichsten Hörner sehen: nach
vorne oder nach hinten gebogene, sehr
lange und spitze oder ganz abgewetzte

Hörner und alle möglichen anderen Formen. Auch Beobachtungen im
Freiland zeigen, dass kein Nasenhorn aussieht wie das andere.

Haben Nashornbabys schon Hörner?

Wenn ein Nashorn geboren wird, hat es natürlich
noch kein Horn. Es würde sonst die Mutter bei
der Geburt verletzen. Beim Spitzmaul-
nashornbaby sieht man dort, wo einmal
das hintere Horn wächst, nur eine glatte,
eiförmige Fläche. Das vordere Horn deutet
sich schon durch eine kleine Erhebung an.
Diese Erhebung wächst so schnell wie das
gesamte Tier. Und es dauert nicht einmal ein
Jahr, bis aus der kleinen Erhebung eine
beeindruckende Waffe geworden ist. Ebenso
wird auch das hintere Horn immer größer.

Die Kraft der Hörner

Doch diese Waffe hat den Tieren gegen den Menschen nicht nur nichts genutzt, sondern sie ganz im Gegenteil bis an den Rand der Ausrottung gebracht. Viele abergläubische Menschen in Asien halten nämlich das gemahlene Nasenhorn für ein Zaubermittel mit ganz besonderer Wirkung. Wilderer schwärmten aus, und sie erlegten jedes Nashorn, das sie finden konnten. Denn die Hörner werden bis heute mit Gold aufgewogen. Jetzt stehen die wenigen Tiere, die es noch gibt, zwar unter sehr strengem Schutz. Aber der Kampf gegen

die Wilderer ist noch nicht gewonnen. Scharen von Rangern mit Geländewagen, Hubschraubern und ausgefeilter Technik beobachten und bewachen die Nashörner in ihren Heimatländern. Ein unglaublicher Aufwand, nur weil einige Menschen nicht glauben wollen, dass ein Nasenhorn überhaupt nichts Besonderes ist, sondern aus demselben Material besteht wie ein Tierhuf oder ein Fingernagel: aus Horn.

Die Verwandten des Spitzmaulnashorns

Breitmaulnashorn

Panzernashorn

Sumatranashorn

Das Geheimnis der Ameisenbärin

Im Zoo rätseln alle, ob die Ameisenbärin Trüffel tatsächlich schwanger ist. Selbst ihre Pflegerin Elena muss zugeben, dass sie es immer noch nicht weiß. Trüffel schaut unschuldig und lässt niemanden ihren Bauch unter dem langen Fell untersuchen. Aber Elena kennt einen Trick, wie sie Trüffels Geheimnis doch noch lüften kann: Sie wiegt die Ameisenbärin jede Woche. Trüffel ist immer ganz begeistert, wenn sie aus ihrem Schlafstall herauskommt und in die Futterküche darf. Dort steht nämlich nicht nur die Waage, sondern auch ein Korb mit Avocados, die Trüffel gern mag. Die Ameisenbärin zappelt auf der Waage herum. In Gedanken schon bei den Avocados, hängt ihr die lange Zunge bis auf den Boden. Schließlich kann Elena das Gewicht ablesen: Trüffel hat schon wieder zugenommen. Jetzt ist sie sich sicher, dass Trüffel schwanger ist.

Als sie ihre Avocado bekommt, klappt sie die großen Krallen an ihrem Vorderfuß aus und durchbohrt damit die grüne Schale. Dann fährt sie mit der Zunge immer wieder in das Loch hinein und holt das Fruchtfleisch heraus, bis die Schale leer ist. Zufrieden stapft Trüffel dann aus der Futterküche und kehrt in ihren Stall zurück.

93

Eines Morgens sitzt auf Trüffels Rücken ein winziges Baby, das man zwischen all den Haaren kaum sieht. Die Ameisenbärin ist ruhiger als sonst, aber weder scheu noch angriffslustig. Elena geht langsam zu ihr hin und streichelt die frischgebackene Mutter. Sie wartet auf ein Zeichen von Trüffel, ob sie das Kleine anfassen darf. Und Trüffel macht, was sie immer macht, wenn Elena mit ihr schmust: Sie fährt mit der Zunge in ihre Stiefel, ihre Ärmel und in den Kragen. Elena hat gelernt, das zu mögen. Sie versteht, was Trüffel damit sagen will: „Ich mag dich und vertrau dir."

Jetzt erst traut sich die Pflegerin, das Junge genauer anzuschauen. Es bewegt sich zwar fast gar nicht, aber sein Bäuchlein ist rund von der Milch, die es schon getrunken hat. In den nächsten Wochen wird das Kleine kaum den Boden berühren. Nur wenn Trüffel liegt, rutscht das Junge von ihrem Rücken hinunter zur Milchquelle am Bauch. Sobald es satt ist, klettert es über den Schwanz wieder auf Trüffels Rücken. Elena ist glücklich, dass das Junge so gut gedeiht. Sie nennt das kleine Ameisenbärenmädchen Mignon.

Schon gewusst?

Die Termitenbären

Es gibt nur wenige Tiere, die wie die Ameisenbären von einer einzigen Nahrungsquelle leben. Sie müssten eigentlich Termitenbären heißen, weil ihr ganzer Köper darauf ausgerichtet ist, sich von den winzigen, weißen, ameisenähnlichen Insekten zu ernähren. Termiten errichten betonharte Festungen, die wie Kegel in der Landschaft stehen. Ameisenbären haben das richtige Werkzeug, um diese Burgen aufzureißen: ihre Krallen. Normalerweise sieht man die großen, scharfen Sichelkrallen an den Vorderbeinen nicht. Sie sind beim Gehen nach innen geklappt, um sie so zu schonen. Das Tier geht vorne sozusagen auf der Faust. Aber wenn es angegriffen wird, richtet es sich mannshoch auf, klappt die Krallen aus und schlägt damit mit voller Wucht zu. Eine wirkungsvolle Verteidigungswaffe eines Tieres, das nicht einen einzigen Zahn im Maul hat. Mit seinem langgestreckten Kopf kann der Ameisenbär hervorragend in die Gänge des Termitenbaus fahren. Aber das winzige Mäulchen kann weder beißen noch kauen. Vielmehr sammelt die runde, lange und klebrige Zunge die Nahrung ein und befördert sie ins Maul.

Die Haferflockenbären

Aber wie ernährt man Ameisenbären im Zoo? Es ist unmöglich, jeden Tag kiloweise Termiten für sie heranzuschaffen. Aber man hat gelernt, dass die Tiere auch ganz gut mit Ersatznahrung zurechtkommen. So bereiten die Tierpfleger für sie zum Beispiel Haferflockenbrei zu. In diesen Brei werden Hackfleisch, zermanschte Bananen, getrocknete Insekten und etwas Torf gemischt. Der Torf soll die Erde ersetzen, die die Ameisenbären in Freiheit immer zusammen mit den Termiten aufnehmen. Diesen ziemlich flüssigen Brei ziehen die Tiere sehr geschickt und schnell mit der Zunge in den Mund. Sie fressen diese Ersatznahrung ziemlich gern und gedeihen dabei so gut, dass sie sogar wie Trüffel Junge bekommen.

Wer ist mit Trüffel verwandt?

Kleiner Ameisenbär

Zwergameisenbär

97

Das wütende Chamäleon

Der Chamäleonmann Moxo ist guter Stimmung. Denn sein Pfleger Dirk hat die Pflanzen in seinem Terrarium mit lauwarmem Wasser besprüht und ihm einige Heimchen mitgebracht. Schon während er die Wassertropfen von den Blättern leckt, heftet Moxo seinen Blick auf die kleinen Insekten. Mit dem rechten Auge beobachtet er ein Heimchen über ihm, mit dem linken eines hinter ihm. Jetzt hat er genug getrunken, und die Jagd kann beginnen.

Doch Moxo rührt sich nicht von der Stelle. Weder sein Klammerschwanz noch seine Klammerfüßchen bewegen sich. Dafür richtet er beide Augen auf ein Heimchen, das gerade in einiger Entfernung auf einem Zweig gelandet ist. Moxo schätzt die Entfernung ab. Langsam öffnet sich sein Maul, seine dicke Zunge erscheint, und – schwapp! – ist das Heimchen schon zwischen seinen Kiefern verschwunden. Das geht für das menschliche Auge alles viel zu schnell. Erst die Zeitlupe zeigt, was geschehen ist: Wie ein Lasso schießt die lange Zunge in Richtung Beute, klebt sie fest und zieht sie dann ins Maul. Moxo kaut und schluckt, um sich dann nach neuem Futter umzuschauen.

Tierpfleger Dirk glaubt, dass jetzt Paarungszeit bei den Chamäleons ist. Daher nimmt er Moxo mit einem Tuch aus seinem Terrarium und setzt ihn zu Yassima, dem Weibchen. In dem fremden Terrarium wird der vorher grünbraune Moxo auf der Stelle hellgrün mit gelben Streifen am ganzen Körper. Er versucht zurückzuweichen, doch das Terrarium ist zu eng. Die grüngefleckte Yassima dagegen wird immer dunkler, bis sie sich fast schwarzgeärgert hat. Dabei wird sie seitlich ganz flach und hoch. Jetzt wirkt sie fast doppelt so groß wie vorher. Auf steifen, gestreckten Beinen schaukelt sie hin und her und öffnet drohend ihr Maul.

„Eine freundliche Begrüßung sieht ja wohl anders aus", denkt Dirk und bringt den verschreckten Moxo zurück in sein eigenes Terrarium. Der Tierpfleger wusste zwar, dass Chamäleons Einzelgänger sind. Aber dass sie sich so spinnefeind sein können, hat er erst jetzt gesehen. Trotzdem wird er Moxo immer wieder zu Yassima setzen, bis sie eines Tages doch die Paarung zulässt. Dann kann es Eier und später kleine Chamäleons geben. Bis dahin brauchen alle drei noch viel Geduld.

Schon gewusst?

Warum wechseln Chamäleons die Farbe?

Wenn man einen Menschen als Chamäleon bezeichnet, meint man damit, dass er sich seiner jeweiligen Umgebung immer perfekt anpasst. Auf die tierischen Chamäleons trifft das nicht zu. Sie können nur begrenzt die Farbe von Ästen, Blättern oder dem Boden annehmen. Sie suchen jedoch

instinktiv die Plätze auf, wo sie am wenigsten auffallen. Wenn es aber um ihre Stimmungen und Gefühle geht, können sie eine ganze Farbpalette auf ihre Haut zaubern. Chamäleons benutzen die Farben als eine Art Sprache. Diese Sprache ist von Art zu Art verschieden. Allein wenn ein Chamäleon einem anderen droht, dazu das Maul aufreißt, hin und her schaukelt und scheinbar größer wird, verstehen das alle Chamäleons.

Die beste Tarnung

Chamäleons sind Einzelgänger, die sich nur während der kurzen Paarungszeit ertragen und vertragen können. Sie sind sehr langsam und rennen nur, wenn sie fliehen müssen. Aber normalerweise vertrauen sie lieber auf ihre Tarnfarbe und ihre langsamen, zeitlupenhaften Bewegungen. Damit werden sie für ihre Fressfeinde so gut wie unsichtbar.

Die Schleuderzunge

Aber auch Chamäleons sind Räuber, und ihre Opfer sind so wendige und schnelle Tiere wie Heuschrecken, Fliegen oder Schmetterlinge. Es ist sinnlos, sich anzupirschen. Daher haben Chamäleons sich eine blitzschnelle, klebrige Schleuderzunge zugelegt. Sie ist so lang wie der ganze Körper ohne Schwanz. Insekten erkennen die Bedrohung nicht, wenn sie noch weit weg ist. Bis es dann zu spät ist ...

Das Wunderauge

Wer wie das Chamäleon gern still sitzen bleiben will, hat ein Problem: Er sieht nicht, was rings um ihn herum geschieht. Und auch dafür hat das Chamäleon eine ungewöhnliche Lösung entwickelt: Es kann beide Augen unabhängig voneinander in jede beliebige Richtung bewegen. Ein echter Rundblick, dem nichts entgeht. Nur wenn die Zunge vorschnellen soll, müssen beide Augen gleichzeitig die Beute fixieren und die Entfernung abschätzen.

Moxos Verwandte

Dreihornchamäleon

Stachelchamäleon

Teppichchamäleon

103

Der Super-Gorilla

Als sich die Schiebetüren zwischen Innen- und Außengehege öffnen, gehen zuerst die beiden Gorilladamen Honey und Praline nach draußen. Honey trägt ihr Baby im Arm und bewegt sich deshalb langsam und vorsichtig. Hinter den beiden stürzen Quincy und Pepper nach draußen, als hätten sie dort etwas Dringendes zu erledigen. Und in der Tat: Irgendetwas Spannendes finden die beiden Gorillakinder fast immer, und der Tag fängt dann schon einmal gut an.

Dann erscheint Pongo in der Schiebetür. Was für ein Gorillamann! Breitbeinig steht er da und mustert zunächst sein Gehege. Dabei stützt er sich auf seine langen, dichtbehaarten Arme. Der silberfarbene Rücken ist zum Hohlkreuz durchgebogen. Seine kurzen Beine hat er fest in den Boden gestemmt. Nachdem Pongo sich einen Überblick verschafft hat, geht er zu seinem Lieblingsplatz und lässt sich nieder. Sofort setzt sich Honey mit ihrem Baby neben ihn. Sie ist zurzeit seine Lieblingsfrau. Auch Praline nähert sich dem Silberrücken. Quincy und Pepper halten jedoch lieber Abstand. Sie sind noch jung und bei Menschen aufgewachsen. Daher fürchten sie sich vor Pongo und wissen noch nicht, wie sie ihn durch Unterwürfigkeit besänftigen können.

Ihr Frühstück haben die Gorillas im Innenkäfig bekommen. Jetzt ist es Zeit fürs Mittagessen. Heute gibt es viel Obst und Gemüse und etwas gekochten Knoblauch. Tierpfleger Noah hat das Futter überall im Gehege verteilt, damit jeder etwas abbekommt. Denn Pongo würde am liebsten die Leckereien alle allein fressen, ohne den Weibchen und den Jungtieren davon abzugeben. Doch Noah kennt Pongos Art, sich als Superboss aufzuspielen, aber auch seine Faulheit. Wenn der Silberrücken einmal sitzt, dann bleibt er meist auch sitzen.

Inzwischen machen Quincy und Pepper aus dem Fressen ein Spiel. Jedes Stück Banane oder Möhre muss erjagt und verteidigt werden. Quincy geht dabei ziemlich ruppig vor. Wenn er meint, Pongo schaut nicht hin, trommelt er sogar mit den Fäusten auf die Brust, um anzugeben. Aber auch wenn Pongo ihm den Rücken zuwendet, so hört er das Trommeln sehr wohl. Und dann muss er dem übermütigen Quincy gleich einmal zeigen, wer hier der Boss ist, und trommelt selbst mit den Fäusten auf die Brust. Denn trommeln darf in seinem Gehege einzig und allein er, der Boss von Quincy, Pepper und den anderen Gorillas.

Bevor Noah das Affenhaus abends zuschließt, kontrolliert er alle Schiebetüren. Dann lockt er die drei großen Gorillas zum Zähneputzen ans Gitter des Innenkäfigs. Selbst Pongo macht brav das Maul auf und lässt sich mit einer Zahnbürste die furchterregenden Zähne reinigen. Allerdings will er die Zahnbürste oft behalten und untersucht sie dann so lange, bis sie kaputt ist.

Quincy und Pepper mögen das Zähneputzen überhaupt nicht, aber es hilft nichts. Sie müssen stillhalten. Jeder von ihnen besitzt einen eigenen Schlafkäfig, der dick mit Holzwolle gepolstert ist. Dazu gibt es für jeden eine weiche Schmusedecke und für Pepper, die Kleinere, einen Plüschteddy, mit dem sie schon als Baby immer schlief. Zum Schluss verteilt Noah noch die Betthupferl, einen Apfel oder eine Birne, und verschließt die Schlafkäfige. Die beiden Gorillakinder wickeln sich in ihre Decken und schlafen bald ein. Die Großen aber liegen in ihren Hängematten. Bis zum nächsten Morgen sieht man nichts mehr von ihnen.

Schon gewusst?

Der berühmteste Gorilla

Die ersten Nachrichten über die Entdeckung der Gorillas in Afrika, die vor über 100 Jahren zu uns gelangten, glichen wahren Schauergeschichten. Gorillas wurden damals für eine Art Ungeheuer gehalten. So wurden sie auch in dem berühmten Film „King Kong", in dem es um einen Gorillamann geht, dargestellt. Statt ihre Eigenarten und ihre Bedürfnisse zu erforschen, sahen die Menschen in ihnen Monster, die ihnen eine Gänsehaut verursachten. Dementsprechend wurden diese Tiere damals in Gefangenschaft sehr schlecht gehalten.

Allein unter Gorillas

Das hat sich inzwischen vollkommen geändert. Besonders dank der Forscherin Dian Fossey, die als erste Frau täglich mit Berggorillas in ihrer natürlichen Umgebung in Zentralafrika lebte. Durch ihre Berichte lernte man, die großen Affen zu verstehen, statt sie zu fürchten. Gleichzeitig erreichte sie, dass die Tiere in ihrem Lebensraum unter Schutz gestellt wurden. Ob der wirklich ausreicht, wenn in den afrikanischen Ländern rund um dieses Gebiet Kriege toben und Krankheiten wüten, ist allerdings ungewiss.

Der Silberrücken

Gorillas leben in Familienverbänden: Ein Silberrücken, mehrere Weibchen mit Babys und Kleinkindern und der halbwüchsige Nachwuchs gehören zu einer Familie. Für die Weibchen ist es sehr wichtig, dass sie die Geburt und Aufzucht von Babys bei anderen Müttern miterleben, damit sie später ihren eigenen Nachwuchs richtig behandeln. In der Gruppe müssen sie lernen, wie sie mit dem Silberrücken umgehen sollen. Ein guter Gorillamann ist der absolute Chef seiner Familie. Er verlangt Unterwürfigkeit und Gehorsam. Gorillaweibchen fühlen sich dabei wohl und sicher.

Bei Mama ist es am schönsten

Affenbabys nennt man Mutterhocker, entsprechend den Nesthockern bei den Vögeln. Vom ersten Augenblick an klammern sich die Kleinen an der Mutter fest und werden von ihrem Arm gestützt und geschützt. Solange ein Gorillakind nicht laufen kann und nicht von der Mutter wegwill, trägt es die Mutter immer mit sich herum und lässt es nie allein. Auch fremde Kinder werden nicht zurückgestoßen. Bei der Kindererziehung geht es sehr freundlich, friedlich und ruhig zu. Das entspricht ganz dem Temperament dieser größten Menschenaffenart.

Andere Menschenaffen

Schimpanse

Orang-Utan

Bonobo

Der verliebte Papagei

Eines Morgens steht neben dem Zooeingang ein kleiner Käfig mit einem Papagei. Auf einem Zettel steht: „Ich heiße Robbi", sonst nichts. Paola, die Tierpflegerin für Papageien, wird gerufen und nimmt Robbi mit in den Zoo. Sie merkt sehr schnell, warum der Vogel ausgesetzt wurde: Robbi kann nämlich nicht fliegen. Außerdem ist er sehr ängstlich und fürchtet sich vor Menschen und anderen Vögeln. Zitternd sitzt er in der obersten Ecke des neuen Käfigs. Fressen mag er nur, wenn niemand im Raum ist. Wenn ihm jemand zu nahe kommt, schlägt er mit den Flügeln und schreit wie am Spieß.

Armer Robbi. Aber Paola hat schon eine Idee. Sobald der Tierarzt sicher ist, dass Robbi keine Krankheiten mitgebracht hat, bekommt der Vogel einen eigenen Käfig im Käfig der Papageien. Nun kann und muss er den ganzen Tag die anderen Papageien sehen und hören. Robbi gefällt das zunächst gar nicht. Er scheint nicht zu wissen, dass auch er ein Papagei ist. Aber nach und nach lernt er, ein paar kleine Dinge in seinem neuen Leben schön zu finden. So knabbert er gern an Weidenzweigen und genießt es, wenn er an Sonnentagen mit Wasser besprüht wird.

Es hat Monate gedauert, bis aus dem verängstigten Robbi ein ruhiger, neugieriger Vogel geworden ist. Dabei hat ihm das Papageienweibchen Ronja geholfen, das haargenau so aussieht wie Robbi. Jeden Tag hat sie sich auf einen Zweig in der Nähe von Robbis Eingewöhnungskäfig gesetzt. Zuerst hat sie ihn nur stumm beobachtet. Dann fing sie mit ihrem Papageien-Gequassel an und erzählte ihm irgendetwas. Menschen verstehen das nicht, aber Robbi schon. Er rückte immer näher an das Gitter zu Ronja hin. Und Ronja rückte immer näher zu Robbi hin. Beide Vögel haben dabei das Kopfgefieder gesträubt, was so viel heißt wie „Ich möchte gern von dir gekrault werden".

Paola hat natürlich längst bemerkt, dass sich hier eine kleine Papageien-Liebesgeschichte anbahnt. Ihr Plan ist aufgegangen, und ihre Geduld hat sich ausgezahlt. Und eines Tages öffnet sie endlich die Tür von Robbis Käfig. Von nun an sind Robbi und Ronja ein unzertrennliches Paar. Sie fressen zusammen, kraulen sich gegenseitig und schlafen eng aneinander geschmiegt. Robbi hat Glück gehabt!

Schon gewusst?

Wer kreischt lauter?

Alle Papageien sind sehr gesellige Vögel. So leben sie in Freiheit mindestens zu zweit zusammen, meist aber in großen Schwärmen. Dabei geht es hoch her, denn Ruhe und Stille sind nicht ihre Sache. Das Gekreische der Papageien klingt für menschliche Ohren eher unangenehm. Den Papageien jedoch dient es zur Verständigung im Schwarm und auch zwischen Männchen und Weibchen.

Treue Ehepaare

Ihre Lebensgemeinschaft hält ein Papageienleben lang. Damit sich ein Männchen und ein Weibchen zusammentun, genügt es aber nicht, dass sie zufällig zusammentreffen. Denn ein Papagei kann sich in einen Artgenossen verlieben und einen scheinbar identischen ablehnen. Papageien wählen ihren Partner selbst aus und nehmen nicht den erstbesten Papagei. Das macht die Haltung und Zucht dieser stark bedrohten Vögel sehr schwierig und aufwendig.

Warum sprechen Papageien?

Papageien, die sich dem Menschen angeschlossen haben, sind für die Zucht für immer verloren. Denn sie halten Menschen für ihresgleichen und wollen mit anderen Papageien nichts zu tun haben. Genau in dieser Situation lernen einige Papageien scheinbar zu sprechen. In Wirklichkeit ahmen sie aber nur nach, was sie häufig hören. Denn alle Papageien besitzen die Fähigkeit, Geräusche und Töne nachzuahmen. Außerdem entwickeln sie eine Art Geheimsprache, die nur ihr Partner versteht. Alles im Papageienleben dreht sich um die Zweisamkeit, die die Grundlage für ein glückliches Papageienleben ist.

Wenn Langeweile krank macht

Wenn ein Papagei einsam ist und Langeweile hat, rupft und nagt er oft alle erreichbaren Federn ab, bis er buchstäblich nackt ist. Wenn dieses Federfressen stark ausgeprägt ist, kann es nur schwer, oft überhaupt nicht geheilt werden. Aber vorbeugen kann man recht leicht: mit viel Gesellschaft und Beschäftigung, mit Flugkäfigen, die viel Platz zum Fliegen bieten, und abwechslungsreichem Futter.

Andere Papageien aus Südamerika

Hellroter Ara

Kuba-Amazone

Mönchssittich

Sperlingspapagei

Lamas beim Frisör

Tierpfleger Uwe möchte eines seiner Lamas daran gewöhnen, im Zoo herumgeführt zu werden, damit die Besucher es streicheln können. Uwe sucht sich dafür die junge Stute Serena aus, die ganz zutraulich zu sein scheint. Nachdem er sie von den anderen Lamas getrennt hat, geht er mit Halfter und Strick in ihren Stall. Es dauert ziemlich lange, bis Uwe mit Serena am Strick wieder herauskommt. Wie hat er das geschafft? In jedem Fall mit viel Geduld, den Rest will er nicht verraten.

Er führt die Stute jetzt täglich im Gehege herum. Ein paar Tage später öffnet Uwe das Gehegetor und möchte mit Serena hinaus auf den Besucherweg. Aber da streikt Serena plötzlich. Sie stemmt sich mit den Beinen fest in den Boden und will keinen Schritt von ihrer Herde weggehen. Da ruft Uwe Heidi zu Hilfe, die versucht, das Lama von hinten herauszuschieben. Das macht es nur noch schlimmer, weil Serena sich jetzt hinlegt. Als die Tierpfleger endlich aufhören, zu schieben und zu ziehen, steht sie auf. Erst als Uwe ihre Mutter Elli zu Serena an die Leine nimmt, lassen sich die beiden Lamas problemlos durch den Zoo führen und sogar von den Besuchern streicheln, nur nicht am Hinterteil.

118

Es ist Hochsommer geworden. Im Zoo leiden alle unter der Hitze, die Tiere und ihre Pfleger. Die Lamas liegen im Schatten und stehen nur auf, wenn es etwas zu fressen gibt. Uwe beschließt, dass es so nicht weitergehen kann, und bestellt Thomas, den Schafscherer.

Als Erste ist Lama Elli an der Reihe. Uwe und Thomas legen sie auf den Boden, obwohl sie strampelt und leise quietschend protestiert. Dann beginnt Thomas, vorsichtig die Wolle abzuschneiden. Er nimmt dazu nicht die elektrische Schere wie bei den Schafen, da allein schon das Geräusch dem Lama viel zu viel Angst machen würde. Stattdessen benutzt er eine altmodische Handschere. Damit kann er die Wolle zwar nicht so kurz und so gleichmäßig schneiden wie mit der Schermaschine, aber dafür fürchten sich die Lamas weniger und halten einigermaßen still. Schließlich liegt ein großer Haufen Wolle am Boden, und Elli darf aufstehen. Aber ist das noch Elli, dieses magere Tier auf stockdünnen Beinen? Wartet nur, bald wird die ganze Herde so aussehen!

Schon gewusst?

Warum spucken Lamas?

Viele Zoobesucher fürchten sich vor Lamas, weil sie spucken könnten. Es stimmt zwar, dass sie das können, meist tun sie es aber nicht. Sie setzen das Spucken nur als Waffe ein, wenn sie sich sehr bedrängt fühlen. Selbst die Tierpfleger, die die Lamas manchmal festhalten oder hinlegen müssen, wie beim Scheren, werden so gut wie nie angespuckt. Aber bei Kämpfen zwischen den Tieren wird das Spucken gelegentlich als Verteidigungsmittel eingesetzt. Dies geschieht nicht ohne Vorwarnung: Der „Spucker" legt zuerst die Ohren an und kaut an etwas Unsichtbarem. Dabei holt er Mageninhalt in sein Maul: Dieses scheußlich stinkende Zeug schleudert er seinem Gegner ins Gesicht.

Das Lama-Taxi

Lamas sind schon lange keine Wildtiere mehr, sondern Haustiere der Indios in Südamerika. Vor allem im Gebirge der Anden dienen sie als ausdauernde und trittsichere Lastenträger, die weder Straßen noch Benzin brauchen. Als Treibstoff genügt ihnen das, was in den Bergen ohnehin wächst. Ihre Eigentümer lassen die Tiere ohne Zäune und ohne Aufsicht grasen. Wenn sie gebraucht werden, fängt man sie wieder ein. Daher trägt jedes Lama bunte Fäden im Ohr. Ihre Farben zeigen an, wem es gehört.

Lastentiere auf weichen Sohlen

Wie in Südamerika haben sich Lamas auch in Europa als Lastenträger bewährt. Auf Trekkingtouren und Bergwanderungen schleppen die kleinen Kamele bereitwillig Rucksäcke und Zelte. Vor allem aber hinterlassen sie mit ihren weichen Sohlen keine Schäden an der Pflanzendecke. Das macht sie in den Bergen jedem Huftier überlegen. Lamas können bis zu 30 Kilogramm schwere Lasten tragen.

Der Kampf der Hengste

Wenn Lamahengste miteinander kämpfen, dann versuchen sie, den anderen in die Vorderbeine zu beißen. Dabei bemüht sich jeder, den Kopf des anderen wegzudrücken. Bei dem Schieben und Drücken geht es nicht darum, den Gegner ernsthaft zu verletzen, sondern festzustellen, wer stärker ist, wer Leithengst bleibt und wem die Stuten gehören.

Andere Kamele, die mit dem Lama verwandt sind

Alpaka

Guanako

Vikunja

Trampeltier

Dromedar

123

Ein Löwe auf Tauchstation

Die Löwin Xippa hat seit drei Monaten zwei Junge, Porgy und Bess. Als sie nach ihrer Geburt noch blind und taub waren, blieb Xippa mit ihnen allein im Käfig. Zu dritt lagen sie in einer großen Kiste. Die Jungen tranken Milch aus den Zitzen ihrer Mutter, und Xippa leckte die kleinen Löwen sauber und hielt sie warm. Selbst Tierpflegerin Kerstin kam so selten wie möglich in die Nähe des Käfigs, um nicht zu stören. Trotzdem wusste sie immer, was Xippa und ihre Jungen machten. Denn über ihrer Kiste war eine Videokamera angebracht.

Als Porgy und Bess laufen konnten, lernten sie auch ihren Vater Sultan kennen. Nicht alle Löwenväter mögen ihre Kinder. Aber Sultan ist sehr ruhig. Wenn ihm der Trubel, den die beiden veranstalten, zu viel wird, geht er einfach weg. Porgy und Bess spielen und balgen fast den ganzen Tag. Zum Spielen genügt ihnen schon ein Stein, hinter dem der eine dem anderen auflauert. Oder sie raufen miteinander. Sultan und Xippa aber wollen meistens ihre Ruhe haben. Da können kleine Löwen, die ihre Eltern schon einmal am Schwanz ziehen, ganz schön nerven. Trotzdem verlieren Löweneltern fast nie die Geduld mit ihren Jungen.

Wer sich wenig bewegt, wird schnell fett: Das gilt auch für Löwen. Deshalb gibt es an einem Tag der Woche nichts zu fressen. Außerdem denkt sich Tierpflegerin Kerstin immer wieder etwas aus, um aus faulen Löwen aktive Großkatzen zu machen. So hängt sie manchmal Fleischstücke oben in einen Baum, damit die Löwen klettern müssen.

Gestern hat sie ihnen einen Sack mit frischem Zebramist mitgebracht, der für die Löwen fast so aufregend war wie ein lebendiges Zebra. Porgy und Bess war die Sache nicht ganz geheuer. Während sie sich vor dem Zebramist gefürchtet haben, haben Sultan und Xippa lange damit gespielt. Schließlich haben sie sich genüsslich im Mist gewälzt und sich damit einparfümiert.

Heute wirft Kerstin zwei Bälle ins Wasserbecken. Xippa stürzt sich sofort in den Pool, erwischt den Ball mit dem Maul und bringt ihn an Land. Nach einigem Zögern möchte auch Sultan sein Spielzeug haben und geht langsam ins Wasser. Doch seine dichte Mähne saugt sich sofort voll mit Wasser, sodass er immer tiefer sinkt, bis nur noch seine Nase aus dem Wasser schaut. Nur mit Mühe kommt er wieder aus dem Wasser, ohne Ball. Dann schüttelt er sich ausgiebig. Die Lust zum Spielen ist ihm erst einmal vergangen.

Schon gewusst?

Wer ist der Chef im Löwenrudel?

Löwen sind die einzigen Katzen, die in Rudeln leben. Im Zoo sieht das sehr friedlich aus, denn hier gibt es regelmäßig und genügend Futter, und Rangordnungskämpfe bleiben aus. In Freiheit aber muss man sich nur die narbenbedeckten Gesichter der alten Löwenmännchen anschauen, um zu ahnen, wie hart Löwen miteinander kämpfen. Denn im Gegensatz zu anderen Tieren, die in Rudeln leben, wie etwa Wölfen, haben Löwen keine Hemmungen, einen anderen Löwen umzubringen. Der stärkste Löwe wird der Chef eines Rudels. Unterliegt er aber eines Tages im Zweikampf einem jüngeren Löwen, kann das sein Todesurteil sein. Mit ziemlicher Sicherheit wird der neue Rudelchef dann sofort die Jungen seines Vorgängers töten. Dann sind die Löwinnen schnell wieder paarungsbereit, und der neue Rudelchef wird dann der Vater der Kinder sein.

128

Der verwöhnte Löwenmann

Bei der Jagd arbeiten die Löwinnen mit verteilten Rollen, um so große Beutetiere wie Büffel überhaupt überwältigen zu können. Kaum haben sie das Tier erlegt, eilt der Rudelchef herbei und beansprucht die besten Stücke für sich. Selbst jagt er nicht, da seine schöne Mähne bei der Jagd ziemlich unpraktisch ist. Denn mit seiner auffälligen Mähne kann sich ein Löwenmann im hohen Gras nicht so unsichtbar machen wie eine schlanke Löwin. Ebenso wenig kann er dem fliehenden Opfer so schnell hinterherspurten wie die Löwin. Im Kampf mit anderen Löwen dagegen hält die Mähne sicher viele Hiebe ab.

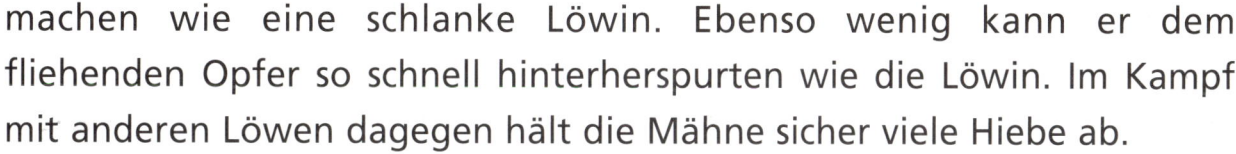

Nutzlose Mähne

Wenn aber ein Löwenmann sein Rudel, das ihn mit Futter versorgt, verloren hat, sieht die Sache ganz anders aus. Diese alten Kämpfer sind nicht nur voller Narben, sie sind auch ziemlich dünn. Die ganze Haarpracht nützt dem König der Tiere dann nichts mehr, und er muss froh sein, wenn er den Hyänen mal einen Happen wegnehmen kann.

Die Verwandten des Löwen

Jaguar

Leopard

Tiger

Die wasserscheuen Otter

Die beiden Riesenotter Kundra und Tejo haben Junge. Bisher hockten die Kleinen immer in ihrer dunklen, trockenen Höhle. Die Pfleger achteten streng darauf, dass die Familie auf gar keinen Fall gestört wurde. Niemand durfte dort Lärm machen, unnötig putzen oder neugierig mit einer Lampe hineinleuchten. Deshalb staunt Tierpfleger Klaus auch nicht schlecht, als er die beiden Kleinen plötzlich draußen im Gehege sieht. Sie bewegen sich unsicher auf ihren Beinchen und fürchten sich offensichtlich vor der großen, neuen Welt. Immer wieder versuchen sie, in ihre sichere Höhle zurückzukriechen.

Aber nichts da! Kundra und Tejo haben beschlossen, dass heute der Schwimmunterricht beginnt. Jeder von ihnen packt ein Junges im Genick und schleift es dann ins Wasser. Die Kleinen strampeln und winden sich. Sie wollen wieder heraus aus dem Wasser. Sie bekommen keine Luft, sie hassen Wasser! Sobald die Eltern ihren Griff lockern, paddeln die kleinen Riesenotter zurück an Land. Klaus versteht das alles nicht. Wie können Wassertiere nur so wasserscheu sein? Aber Kundra und Tejo wissen wohl, dass ihre Kindererziehung richtig ist. Nach ein paar Tagen sind die Kleinen ebenso wie die Alten echte Wasserratten.

Seit die Otterkinder mit ihren Eltern im Wasser spielen, ist im Becken richtig was los. Die vier Otter jagen und balgen sich unter Wasser. Dann sprinten zwei an Land und spielen dort zwischen den Felsen Fangen. Bis einer auf die Idee kommt, die Wasserrutsche hinunterzurutschen, und mit einem lauten Plumps wieder im Wasser landet.

Aber Kundra und Tejo sind bald nicht mehr so recht bei der Sache. Immer wieder gehen sie an Land, richten sich auf den Hinterbeinen auf und schauen durch die Scheiben. Sie warten schon ungeduldig auf Klaus, der ihnen ihr Frühstück bringt. Heute hat er etwas ganz Besonderes für sie: lebendige Fische. Für Otter gibt es nichts Schöneres als die Jagd. Sobald Klaus den Eimer mit den Fischen ins Wasser kippt, geht sie los. Klaus sieht gleich den Unterschied zum Spiel: Die Otter sind jetzt viel schneller und wendiger als vorher. In Sekunden fängt Tejo einen Fisch, hüpft damit ans Ufer und verspeist ihn sofort. Kundra aber lässt sich ihren Fang nach einigem Hin und Her von den beiden Kleinen abnehmen. Sie sind noch zu unerfahren, um selbst Fische zu fangen. Mit Mamas Unterstützung lernen sie, wie gut frische Fische schmecken und wie aufregend die Jagd sein kann.

Schon gewusst?

Teures Otterfell

Das Otterfell ist so dicht, dass die Tiere nie bis auf die Haut nass werden. Denn Otter besitzen auf einer Fläche so groß wie ein Daumennagel so viele Haare wie wir Menschen auf dem ganzen Kopf. Zwischen den Haaren befindet sich ein Luftpolster, das nicht nur vor Nässe schützt, sondern auch wärmt. So ein wunderbares Fell könnte auch uns wärmen, dachten die Menschen früher und machten Jagd auf Otter. Dann verkauften sie die Felle für viel Geld. Das war ein großes Geschäft, bis die Tiere fast verschwunden waren.

Warum müssen Otter geschützt werden?

Alle Otter, egal ob Riesenotter, Fischotter oder Zwergotter, sind sich sehr ähnlich. Sie haben alle das begehrte Fell und fressen Fische, Krebse, Muscheln, Vögel, Eier, Mäuse, Ratten und was sie sonst noch erbeuten können. Auch deshalb wurden und werden Otter oft verfolgt. Denn die Menschen wollen den Fisch lieber selber essen. Heute sind Otter geschützt. Sie werden gezüchtet, damit sie an geeigneten Plätzen wieder ausgewildert werden können. Leider kann man sie so gut wie nie in Freiheit beobachten, weil sie so scheu sind. Deshalb ist der Zoo der richtige Platz, um sich an den verspielten Tieren zu erfreuen.

Verspielte Otter

Es gibt nicht viele Tiere, die noch als Erwachsene so viel spielen wie Otter. Nicht die Tierpfleger haben die Otter dazu gebracht, auf einer Wasserrutsche herunterzurutschen. Vielmehr haben es die Otter selber vorgemacht: Wenn auf einer abschüssigen Fläche Schnee oder Matsch liegt, rutschen Otter gerne mit angelegten Vorderbeinen herunter. Einfach so, zum Spaß ...

Der Muschelknacker

Vor der Westküste der USA lebt eine Otterart, die sich fast nur von Muscheln ernährt. Um die Muscheln zu öffnen, brauchen die Otter aber ein Werkzeug. Sie legen sich dann im Wasser auf den Rücken und hämmern mit einem Stein die Muscheln auf ihrem Bauch auf. Festgeklemmt unter einer Achsel tragen sie den Stein immer bei sich.

Verschiedene Otter-Arten

Meeresotter

Zwergotter

Fischotter

135

Flugfutter für die Malaienbären

Die Malaienbärin Pretty hat vor Kurzem ein Baby bekommen. Es heißt Jago und tapst schon neugierig im Mutter-und-Kind-Käfig umher. Alles, was im Käfig herumliegt, dient ihm als Spielzeug. Mutter Pretty lässt den Kleinen nicht aus den Augen und sorgt dafür, dass er immer in Reichweite ihrer Pfoten bleibt.

Jago ist davon genervt und protestiert manchmal lautstark gegen die übervorsichtige Mutter. Er will alles ganz genau erforschen und versucht auch schon zu klettern. Dementsprechend sieht die Holzkiste aus, in der er zur Welt gekommen ist. Die Holzwände sind total zerkratzt und zerfleddert. Aber wenn man Jagos Füße sieht, versteht man, woher das kommt. Diese verhältnismäßig großen Füße mit den rosa Sohlen und den langen, starken Krallen scheinen gar nicht zu einem so kleinen Bären zu passen. Tierpfleger Markus bestaunt sie immer wieder, wenn Jago von seiner Mutter gestillt wird. Laut knörend saugt Jago dann an der Brust seiner Mutter und streckt dabei die Hinterpfoten weit von sich. Markus freut sich schon auf die Zeit, wenn Mutter und Kind draußen herumklettern werden.

136

Jago ist gewachsen und kann nun alles, was ein Malaienbär können muss. Er rennt, klettert die Bäume im Außengehege herauf und herunter oder zerreißt einen morschen Baumstamm mit seinen Krallen. Und er hat Spaß daran, sich mit seiner Mutter Pretty zu balgen. Sie beißen sich gegenseitig ins Fell und ziehen so fest daran, wie es die Haut aushält. Wenn es Pretty zu viel wird, faucht sie ihren Sohn ärgerlich an.

Heute hat Markus sich etwas zur Beschäftigung der beiden Bären ausgedacht. Dazu hat er eine lange Bambusstange aufgestellt, an der oben ein flacher Korb befestigt ist. Dorthinein schüttet er nun aus einem Eimer an einer langen Stange lauter Sachen, die Bären sehr gerne fressen: Äpfel, Orangen, Bananen und Rosinenbrötchen.

Dann kommen die beiden Bären. Pretty kennt den Schüttelbaum schon. Sie stemmt sich mit den Pfoten gegen die Bambusstange und schüttelt sie hin und her. Dadurch fallen die Leckereien aus dem Korb. Für Jago ist Flugfutter noch neu, aber er begreift sofort, dass er schnell die besten Brocken aufsammeln muss, bevor seine Mutter diese in die Pfoten bekommt. Pech nur, wenn die Obststückchen in die Ritzen zwischen den Steinen fallen. Denn dorthin kommt nur Prettys lange Zunge.

138

Schon gewusst?

Der Kletterbär

Das dünne Fell und die großen Pfoten mit den langen, starken Krallen verraten einiges über die Lebensweise der Malaienbären: Sie lieben die Wärme und klettern gut. Ihre Nahrung wächst nämlich in tropischen Wäldern hoch oben auf Bäumen. Kaum hat ein Bär erschnuppert, dass oben im Baum reife Früchte hängen, klettert er los. Das sieht leichter und eleganter aus, als wenn er am Boden mit nach innen

gekehrten Pfoten dahertrottet. Selbst der Abstieg, der für viele Bären ein Problem ist, fällt dem Malaienbären leicht. Am Boden benutzt er seine langen Krallen dazu, morsche Baumstämme zu zerlegen. Dort sucht er nach fetten Käfer- und Termitenlarven oder anderen Insekten, die er mit seiner langen Zunge einsammelt.

Süchtig nach Honig

Das absolute Lieblingsfutter der Malaienbären ist aber Honig. Dafür lassen sie sich in Freiheit von wütenden Bienen stechen, wenn sie ihr Baumnest zerkratzen. Im Zoo dagegen bekommen sie nur selten Honig, weil er ihren Zähnen nicht guttut. Um an ihr Lieblingsfutter zu kommen, tun Bären wirklich alles. Mit Honig kann der Pfleger sogar eine Bärenmutter von ihrem Kind weglocken, wenn es gewogen, geimpft und mit einem Chip versehen werden muss.

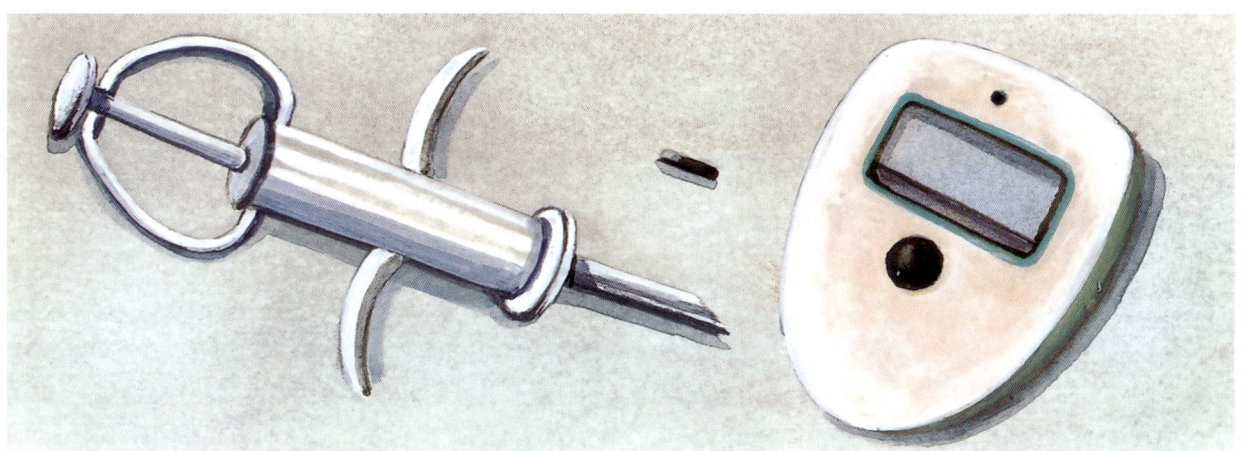

Der Personalausweis für Tiere

Diese reiskorngroßen Chips sind heute für alle Zoo- und Heimtiere vorgeschrieben. Sie werden mit einer Art Spritze unter die Haut gepflanzt, als Personalausweis, den man mit einem Lesegerät sichtbar machen kann. Auf dem Display erscheint dann eine lange Nummer, die es weltweit nur ein einziges Mal gibt.

Besorgte Mütter

Im Zoo werden immer wieder Malaienbärbabys geboren. Aber manche Bärenmütter scheinen so überfürsorglich zu sein, dass sie ihr Kind regelrecht anknabbern, bis es mit Wunden übersät ist. Dann müssen die Tierpfleger das Kleine der Mutter rechtzeitig wegnehmen und mit der Flasche aufziehen.

Wer ist mit Pretty und Jago verwandt?

Kragenbär

Lippenbär

Brillenbär

Halloween bei den Erdmännchen

Die Erdmännchen langweilen sich schon seit Stunden, und Hunger haben sie auch. Endlich kommt Tierpfleger Toni. Sofort stürzt die ganze Bande ihm entgegen. Denn alle erwarten jetzt ihre übliche Schüssel mit Obst, Gemüse und Fleisch. Aber was hat Toni heute mitgebracht?

Als das Ding schließlich im Gehege steht, sieht es ein bisschen zum Fürchten aus. So groß und so knallorange – was kann das sein? Aber da hängt ja Heu aus den Löchern heraus. Das kennen die Erdmännchen gut. Und in dem Heu raschelt es für Erdmännchenohren ganz wundervoll. Die Tiere wissen sofort: Das müssen lebendige Heuschrecken sein, ihr allerliebstes Lieblingsessen!

Das erste mutige Erdmännchen traut sich an den Riesenkürbis heran, zieht an dem Heu und hat auch schon eine Heuschrecke im Maul. Damit ihm kein anderer den Leckerbissen wegnimmt, sucht sich der glückliche Jäger schnell ein sicheres Versteck, wo er die krabbelnde Beute in Ruhe verspeisen kann. Nun gibt es kein Halten mehr. Alle Erdmännchen drängen um die Löcher und kratzen das Heu heraus.

143

Nachdem sie das Heu herausgezogen haben, beginnen sie, das Innere von dem Kürbis zu untersuchen. Sie verschwinden mit den Köpfen darin und schmatzen Heuschrecken. Zum Glück kommen die Krabbeltiere sogar von selbst aus dem Kürbis, um so der Jagd darin zu entgehen. Sie hüpfen aber geradewegs den schüchternen Erdmännchenbabys ins Maul, die so wenigstens auch die eine oder andere Leckerei abbekommen. Irgendwann ist jedoch auch die letzte Heuschrecke gefangen und gefressen.

Aber der Spaß mit dem Kürbis ist noch nicht vorbei. Immer wieder schlüpfen Erdmännchen in die feuchte Höhle, spähen nach einer noch so kleinen Bewegung oder kratzen an dem weichen Kürbisfleisch. Ist darin vielleicht doch noch etwas Gutes versteckt?

Erst am späten Nachmittag will keines der Tiere mehr mit dem Kürbis spielen. Die erwachsenen Erdmännchen putzen sich die letzten Reste vom Kürbisfleisch aus dem Fell, und die Kleinen balgen sich, bis sie müde sind. Später bringt Toni ihr Abendessen.

Heute haben die Erdmännchen furchtbar viel zu tun. Frischer Sand wurde in ihr Gehege gekippt, den sie nun umwühlen müssen, immer und immer wieder. Denn Erdmännchen graben für ihr Leben gern im Sand. Sie mögen keine fertigen Häuschen, weil sie ihnen zu langweilig sind. Eine richtig schöne Erdmännchenwohnung muss selbst gegraben sein, tief im Boden liegen und mehrere Ausgänge haben.

Während sie den Sand umgraben, stößt plötzlich das Erdmännchen, das auf dem Felsen Wache hält, einen Warnlaut aus. Der Wächter benutzt dabei einen besonderen Laut, der jedem Erdmännchen sagt, dass jetzt Gefahr aus der Luft droht: unbekanntes Flugobjekt im Anflug! Die Erdmännchen hören, wie von der Ummauerung her ein mächtiges Flügelrauschen immer näher kommt. Und schon macht sich ein schöner, großer Pfau frech mitten im Sand breit. Die kleine Räuberbande verschwindet wie der Blitz in ihren Höhlen oder hinter den Büschen.

Der Pfau schaut sich derweil in aller Ruhe um und beginnt schließlich, unschuldig am Boden zu picken. Er merkt nicht, was sich hinter seinem Rücken tut. Zwei mutige Erdmännchen pirschen sich nämlich vorsichtig heran und reißen mit einem kräftigen Ruck am Pfauenschwanz.

148

Der Pfau will sich umdrehen, aber im Gehege ist es viel zu eng. Also schlägt er ein Rad, um seine kostbaren Schwanzfedern vor diesen unverschämten Erdmännchen zu retten. Was für ein Fehler! Denn jetzt können ihn die beiden Erdmännchen problemlos in den Hintern beißen. „Pao", schreit der Pfau und versucht, nach seinen Peinigern zu hacken. Aber die Erdmännchen sind schneller und weichen ihm immer wieder geschickt aus. Schließlich hat der Pfau endgültig genug von seinem Abenteuer im Erdmännchengehege. Er schlägt mit den Flügeln, dass der Sand aufwirbelt, und schwingt sich elegant wieder auf die Mauer. Nichts wie raus aus diesem schrecklichen Gehege!

Nachdem sie den Pfau vertrieben haben und die Gefahr nun vorüber ist, kommen alle Erdmännchen, ob mutig oder nicht, aus ihren Erdlöchern. Sie stellen sich auf ihre Hinterbeine und schauen sich gründlich um: Der Eindringling ist wirklich weg! Nur ein paar Pfauenfedern erinnern noch an den ungleichen Kampf mit dem frechen Vogel. Die ganze Gruppe fühlt sich als Sieger über einen riesengroßen Feind. Und es sieht fast so aus, als wollten sie fragen: „Traut sich sonst noch jemand zu uns herein, der verjagt werden will?"

Schon gewusst?

Die Erdmännchen-Königin

Erdmännchen sind nur glücklich, wenn sie in einer Gruppe leben. Der Chef jeder Gruppe ist ein Weibchen. Nur sie darf Junge bekommen, aber alle anderen müssen sich mit ihr zusammen um die Kleinen kümmern. Dieses Weibchen nennt man Königin. Auf diese Weise wächst die Gruppe nur langsam. In der Heimat der Erdmännchen, der Kalahari-Wüste in Afrika, ist das Futter nämlich knapp. Der Boden ist dort sehr trocken, und Pflanzen und Tiere müssen mit sehr wenig Wasser und Nahrung auskommen. Daher würde eine Erdmännchengruppe, die zu groß wird, in der Wüste verhungern.

Erdmännchen im Jagdfieber

Erdmännchen fressen alles, was sie ausgraben oder fangen können, sogar Skorpione und Giftschlangen. Dabei ist das Gift nicht ungefährlich für sie. Sie schützen sich durch ihre besondere Jagdtechnik, bei der mehrere Tiere die Beute gleichzeitig angreifen. Während ein Tier die Schlange herausfordert und dann ihrem Biss geschickt ausweicht, beißen ein oder zwei andere Erdmännchen in die ungeschützten Weichteile der Schlange. Selbst ziemlich große Giftschlangen können nach einem Erdmännchenangriff an Erschöpfung und den vielen Wunden sterben. Kaum aber ist die Beute erlegt, wird aus der Zusammenarbeit rasch Futterneid: Wer etwas für sich ergattert hat, schlingt es so schnell wie möglich herunter.

Futter für die Kleinen

Einen Teil ihrer Beute müssen sie dennoch mit den Erdmännchenbabys teilen, die ja noch nicht jagen gehen können. Sie werden zu Hause von einem Babysitter bewacht. Wenn dann die Gruppe von der Jagd zurückkehrt, tragen die Erdmännchen Futterbrocken für die Kleinen im Maul. So beginnen die Kleinen, außer der Muttermilch auch feste Nahrung aufzunehmen. Außerdem lernen sie dabei, was man als Erdmännchen essen kann. Das ist eine wichtige Erfahrung, denn natürlich gibt es in der Kalahari-Wüste auch einige absolut unbekömmliche Tiere und Pflanzen.

Einige Verwandte der Erdmännchen

Ginsterkatze Manguste Mungo Binturong

151

Die verschwundenen Krokodileier

Die Tropenhalle ist umgebaut worden. Hohe Bäume wachsen nun bis unter das Dach. Das große Wasserbecken ist umrahmt von Büschen und Blütenpflanzen, und ein Wasserfall rauscht im Hintergrund. Heute kommen die ersten Tiere an: zwei Stumpfkrokodile. Das Weibchen sitzt noch in seiner Kiste, während das Männchen bereits am sandigen Ufer liegt. Seine Schnauze ist mit Klebeband umwickelt. Sechs Tierpfleger halten das Tier vom Nacken bis zum Schwanz am Boden fest.

Dann löst Tierpflegerin Sandra vorsichtig das Klebeband. Jetzt kommt der gefährliche Moment: Wenn die Pfleger das Krokodil loslassen und wegspringen, können sie nur hoffen, dass das Tier direkt ins Wasser geht und nicht nach ihnen schnappt. Heute haben sie Glück: Das Krokodilmännchen greift niemanden an, sondern gleitet sofort ins Wasser. Kurz darauf befreien die Tierpfleger auch das Weibchen aus der Kiste und nehmen ihm das Klebeband ab. Jetzt liegen die beiden Tiere nach Krokodilart bewegungslos im Wasser. Nur Nasenlöcher und Augen schauen aus dem Wasser heraus. Stumpfkrokodile sind die einzigen Krokodile mit so großen, vollkommen dunklen Augen.

Monate sind vergangen, und die beiden Stumpfkrokodile fühlen sich im Tropenhaus wie zu Hause. Raki, das Krokodilmännchen, liegt heute faul unter dem Wasserfall. Coco aber, das Weibchen, arbeitet schon seit Stunden. Mit den Hinterbeinen hebt sie am Ufer eine Grube aus. Dann legt sie viele runde, weiße Eier hinein und schaufelt sie wieder zu. Es bleibt ein kleiner Hügel, und Coco legt sich obendrauf. Sie brütet nicht, sondern hält nur Wache bei ihren Eiern.

Sandra hat Coco beobachtet. Sie weiß, dass die Jungen hier im Sand nie schlüpfen werden, weil er nicht warm genug ist. Daher lockt sie Coco mit Futter ins Wasser. Dann baut sie am Ufer einen Zaun auf und hindert Coco so daran, zum Bruthügel zurückzukehren. Schnell öffnet die Tierpflegerin das Nest. Vorsichtig nimmt sie nun die Eier heraus und legt sie in eine Schüssel. Aus den Augenwinkeln beobachtet sie das Krokodil, das vor dem Zaun aufgeregt hin und her schwimmt. Dann schüttet Sandra das Loch mit Sand wieder zu. Zuletzt räumt sie noch den Zaun weg.

Nun kann Coco kommen. Obwohl sie die Eierdiebin vom Wasser aus hätte sehen müssen, verhält sie sich so, als ob nichts geschehen wäre, und hält weiter Wache auf dem leeren Nest.

Im Brutraum für Reptilieneier werden in Glaskästen Schildkröteneier, Schlangeneier, Eidechseneier und auch Krokodileier ausgebrütet. Sandra legt Cocos Eier in einem der Glaskästen auf den weichen Untergrund. Wärme und Feuchtigkeit bleiben stets gleich. Die Eier dürfen von jetzt an auf keinen Fall mehr bewegt werden. Viele Wochen lang passiert nun scheinbar gar nichts. Von außen sehen die Eier immer gleich aus. In den Eiern aber entwickeln sich in dieser Zeit die Krokodilbabys.

Eines Tages zeigen sich die ersten Risse in den Eierschalen. Am nächsten Tag wuseln schon einige Krokodilbabys in dem Glaskasten herum. Sandra nimmt sie schnell heraus, damit sie ihre Geschwister, die noch in den Eierschalen stecken, nicht stören.

Jetzt brauchen die kleinen Krokodile ein flaches Wasserbecken und einen dicken Ast, auf dem sie sich sonnen können. Futter brauchen sie zunächst nicht, weil sie noch genug Eidotter im Bauch haben.

Später bringt Sandra ihnen dann lebende Heuschrecken mit. Als hätten sie nur darauf gewartet, beginnen die Kleinen mit der Jagd. Zielsicher und blitzschnell schnappen sie nach den Insekten und verschlucken sie mit Flügeln und Beinen. Bei guter Fütterung werden die kleinen Stumpf-krokodile nun schnell heranwachsen.

Schon gewusst?

Die beste Echsenmutter

Krokodile sind die am höchsten entwickelten Echsen, die wir kennen. Das beweist ihr Körperbau und auch die Brutpflege. Während Eidechsen, Schildkröten und viele Schlangen ihre Eier einfach im Sand vergraben und sie dann sich selbst überlassen, sind Krokodile sehr fürsorgliche Mütter. Auch sie legen die Eier in Ufernähe im Boden ab, aber dann bewachen und pflegen sie den Bruthügel viele Wochen lang. Wer auch immer Appetit auf Krokodileier verspürt, bekommt es mit einer schwanzschlagenden und beißenden Krokodilmutter zu tun. Wenn Tierschützer Krokodileier einsammeln wollen, müssen sie zuerst einmal die angriffslustige Mutter vom Nest verjagen. In Freiheit überleben viele der Jungen die Kinderzeit nicht, während in einer Aufzuchtstation die meisten Jungen überleben.

Kleine Krokodile brauchen Schutz

Schon bevor die Jungen im Bruthügel schlüpfen, beginnen sie, im Ei leise zu quäken. Daraufhin öffnet die Mutter den Hügel mit den Pfoten so weit, dass ihre Jungen sich leicht aus dem Sand herausarbeiten können. Sofort nimmt sie die hervorkrabbelnden Jungen in ihre riesige Schnauze und trägt sie vorsichtig zum Wasser. Sie läuft so lange zwischen Nest und Wasser hin und her, bis alle Jungen um sie herum im seichten Wasser versammelt sind. So wachsam die Krokodilmutter jetzt ist, fällt es ihr dennoch schwer, die krabbelnde Brut wirklich zu beschützen. Denn viele größere Tiere haben es auf die Kleinen abgesehen. Sie können sich auf Dauer nur retten, wenn sie sich im Dickicht der Wasserpflanzen verstecken und so tun, als wären sie ein Stück ungenießbares Holz.

Weitere Panzerechsen, die miteinander verwandt sind

Mississippi-Alligator

Brillenkaiman

Nilkrokodil

Schnabelkrokodil

Die verschmuste Hyäne

Cinderella freut sich immer, wenn sie ihre Tierpflegerin Beate sieht. Denn die weiß, wie und wo Cinderella am liebsten gestreichelt werden will. Natürlich nur durch das Gitter. Heute möchte Beate mit Cinderella das medizinische Training üben. Vorher hat sie vom Schlosser ein kleines Loch in das Gitter schneiden lassen, das sie mit einer Klappe verschließen kann. Beate will erreichen, dass Cinderella ihr durch das Loch die Vorderpfote gibt. Zur Belohnung wird die Hyäne dann gestreichelt. Außerdem sagt Cinderella noch das knackende Geräusch des Klickers, den Beate statt einer Pfeife verwendet, dass sie alles richtig gemacht hat. Cinderella versteht schnell, was Beate von ihr will, und ist begeistert bei der Sache.

Bald darf Beate die dicke Pfote nicht nur anfassen, sondern auch zwischen den Zehen nach Verletzungen suchen. Dann lernt Cinderella, das Maul aufzumachen, damit Beate Zähne und Zunge kontrollieren kann. Danach werden Augen und Ohren mit einer Taschenlampe untersucht. Die Hyäne lässt sich geduldig alles gefallen. Dafür bekommt sie zum Schluss auch einen mächtigen Knochen, den sie genauso schnell zerbeißt, wie sie vorher gelernt hat.

In der Nacht ist im Zoo eine Ziege gestorben. Sie wird jetzt ins Hyänengehege gelegt, als Futter und zur Beschäftigung. Zuerst darf Orlando, der Hyänenrüde, sich das Geschenk ansehen. Er hat so etwas noch nie gesehen, aber dass man es fressen kann, weiß er sofort. Er zerrt und zieht an der Ziege, um sie in Sicherheit zu bringen. Denn Orlando kennt sein Weibchen Cinderella und ihre beiden erwachsenen Töchter. Sobald sie die Beute finden, werden sie sie ihm abjagen.

Kaum betreten die drei Weibchen das Außengehege, wittern sie schon die Beute und machen Jagd auf Orlando. Er rennt und rennt, um wenigstens die paar Brocken zu retten, die er im Maul hat. Doch die Weibchen sind ihm dicht auf den Fersen. Er hat keine Chance, ihnen zu entkommen und die ergatterten Brocken an einem sicheren Ort in Ruhe zu fressen. Orlando gibt alles. Aber das hilft ihm nichts. Als Cinderella ihn eingeholt hat, zwingt sie ihn, alles herzugeben. Für Fleckenhyänenweibchen sind Rüden das Allerletzte. Und so bekommt Orlando von der Ziege heute nichts ab. Aber natürlich wird er später von Beate gut und reichlich im Stall gefüttert, wo er dann ungestört von den Weibchen fressen kann. Unterdessen machen sich Cinderella und ihre Töchter über den unerwarteten Leckerbissen her.

Schon gewusst?

Sind Hyänen mit Hunden verwandt?

Das Verhalten der Hyänen wird häufig falsch gedeutet, wenn man den Fehler macht, sie mit Hunden oder Wölfen zu vergleichen. Hyänen sehen Hunden und Wölfen zwar ähnlich, sind aber nicht mit ihnen verwandt. So erinnert zwar ihre Körperhaltung an die Körperhaltung eines Hundes, wenn er Angst hat. Doch eine Hyäne sieht immer so aus. Das hat mit Angst oder Feigheit nichts zu tun. Anders als bei Hunden oder Wölfen haben die Hyänenweibchen das Sagen, während die Rüden unterdrückt werden. Im Unterschied zu Hunden werden Hyänen mit offenen Augen geboren, haben bei der Geburt schon einige Zähne und können sofort laufen. Ihr Fell ist anfangs kohlschwarz und wird erst nach und nach heller mit den typischen Flecken.

Das sogenannte Klicker-Training wird nicht nur bei Hyänen, sondern auch bei vielen anderen Tieren angewandt. Wenn das Tier alles richtig gemacht hat, hört es sofort das Klicken. Später kann das Klicken Belohnungen auch ganz ersetzen. Anders als die Stimme eines Menschen klingt das Klickgeräusch immer gleich, sodass das Tier es leichter erkennt.

164

Wer hat das stärkste Gebiss?

Von Hand aufgezogen werden Hyänen sehr zahm. Allerdings darf man nie vergessen, welch unglaubliche Kräfte auch ein zahmes Tier entwickeln kann. Ein Hyänengebiss kann zum Beispiel Knochen knacken, die nicht einmal ein Löwe zerbeißen könnte.

Kichernde Hyänen

Hyänen galten früher als reine Aasfresser und Beutediebe bei Löwen, weil man sie oft in der Nähe von fressenden Löwen sah. Inzwischen weiß man es besser. Hyänen sind sehr mutige und erfolgreiche Jäger, die ihren Jagderfolg allerdings mit viel Hyänengekicher überall herumposaunen. Das hören dann die Löwen und haben nichts Eiligeres zu tun, als den Hyänen die Beute wegzunehmen. Schließlich sind sie stärker, sodass am Ende die Löwen die Beutediebe sind.

Cinderellas Verwandte

Streifenhyäne

Braune Hyäne

Der Elefanten-Geburtstag

Wenn Tierpflegerin Sarah morgens zur Arbeit kommt, zieht sie zuerst ihre Arbeitskleidung an. Dann macht sie einen kurzen Rundgang an den Elefantenställen vorbei. Bei Jumbo, dem Bullen und Vater der Elefantenkinder, ist alles in Ordnung. Zur Begrüßung streckt er seinen Rüssel durch das Gitter und bekommt dafür ein trockenes Brötchen.

Bei den beiden Elefantenkühen Nemea und Kassandra ist aber schon richtig was los. Denn ihre beiden Kinder Simba und Frodo haben längst ausgeschlafen und wollen nun spielen, miteinander, mit ihren Müttern und mit Sarah. Aber Sarah hat etwas anderes vor: Sie schiebt das große Tor zur Seite und lässt die Elefanten in ihr Badezimmer. Dann nimmt sie den Schlauch mit der Düse zum Autowaschen und beginnt, Nemea und Kassandra abzuspritzen. Die beiden Mütter genießen die warme Morgendusche. Ihre verspielten Kinder haben ein Plastikplanschbecken mit Wasser darin bekommen. Natürlich hält es dem Ansturm von zwei Elefantenkindern nicht lange stand, aber es ist ein Riesenspaß für die beiden. Während im Elefantenhaus die Wasserschlacht im Gange ist, hat Tierpfleger Olaf im Außengehege eine Ladung frischen Sand abgekippt.

167

Kaum ist der Lastwagen wieder weg, dürfen Nemea und Kassandra mit ihren Kälbern ins Gehege hinaus. Alle vier stürzen sich sofort auf den Sandhaufen. Die beiden großen Elefanten nehmen gleich geschickt mit dem Rüssel Sand auf und schmeißen ihn sich über den Kopf auf den Rücken.

Simba und Frodo sind schon wieder außer Rand und Band. Zwar schaffen sie es nicht, den komplizierten Rüssel richtig zu gebrauchen und wie ihre Mütter den Sand elegant auf den Rücken zu werfen. Aber dafür können sie sich auf dem weichen Berg wälzen und mit allen vieren strampeln. Und sie können mit ihrer Stirn im Sandhaufen Bagger spielen. Sie können auch den Sandhaufen auf der einen Seite hinaufrennen, um sich dann auf der anderen Seite wieder in den Sand zu werfen. Es wird nur eine Woche dauern, bis die kleinen Elefanten den Sandberg total zerspielt haben.

Simba und Frodo sind jetzt schon viel stärker als ihre Pfleger. Weil sie vor ihnen überhaupt keinen Respekt haben, müssen sie nun lernen, ihren Befehlen zu gehorchen. Zuerst sollen die beiden Kleinen rüsselzahm werden. Dazu müssen sie lernen auszuhalten, dass ihr empfindlicher Rüssel angefasst wird. Zunächst mögen sie das überhaupt nicht und weichen aus. Aber nach und nach merken sie, dass Ausweichen nichts nützt und auch nichts Schlimmes passiert.

Die nächsten Lektionen sind schon etwas schwieriger. Nun müssen sie lernen, die Kommandos ihrer Pfleger zu befolgen. Jedes Mal, wenn sich Simba oder Frodo von selbst hinlegen, hören sie das englische Wort „down", was so viel wie „herunter" bedeutet. Dann bekommen sie eine Belohnung. Das merken sich die Tiere sehr schnell. Bald machen sie ganz selbstverständlich, was Olaf will. Nach und nach verstehen und befolgen die Elefantenkinder dann immer mehr Kommandos. Sie gehen rückwärts und vorwärts, heben den Rüssel und öffnen das Maul, stellen die Ohren ab und lassen sich auf der Rückseite Blut abnehmen. Die Elefantenkinder heben auch gehorsam nacheinander ihre Füße zur Pflege der Zehennägel hoch. Und was sie gelernt haben, vergessen sie nie.

170

Simba und Frodo haben Geburtstag. Um ehrlich zu sein, sie haben nicht wirklich am selben Tag Geburtstag. Aber ein paar Wochen Unterschied machen den beiden sicher nichts aus. Deshalb bekommen beide gemeinsam eine Geburtstagstorte von Sarah und Olaf. Die Torte besteht aus Reiskuchen und einer Schicht aus Quark und Honig.

Als Verzierung dienen Erdbeeren, Ananas, Kiwis, Bananen und Orangenscheiben. Dann wuchten Sarah und Olaf die Torte auf ein Eisengestell und lassen die beiden Geburtstagskinder kommen. Simba und Frodo brauchen keine zwei Minuten, um zu begreifen, dass diese Herrlichkeit für sie ist. Wer holt jetzt schneller den Quark und das Obst vom Tortenboden? Und wer schmiert sich von oben bis unten voll? Na, beide natürlich!

Schon gewusst?

Elefantenbullen außer Rand und Band

Damit im Zoo Elefantenbabys geboren werden, muss außer Elefantenkühen auch ein Bulle gehalten werden. Das ist aber gar nicht so einfach. Ein Bullenstall muss nämlich so solide gebaut sein, dass die Wände nicht einmal von einem schweren Bulldozer eingerissen werden könnten. Denn Bullen kommen von Zeit zu Zeit in einen eigenartigen Zustand, den man „Musth" nennt. Dann erzeugen Drüsen, die sich an beiden Seiten ihres Kopfes befinden, eine Flüssigkeit. Sie läuft sichtbar über die Haut und ist ein deutliches Alarmzeichen für jeden, der mit dem Tier zu tun hat. Der Bulle ist nun gereizt und angriffslustig und daher für die Tierpfleger sehr gefährlich. Jetzt zeigt sich, wie gut der Pfleger sein Tier nur mit Worten, ohne jeden Kontakt, lenken kann. Und es zeigt sich, wie stabil Türen und Absperrungen sind. Selbst Bullen, die sonst handzahm sind, setzen in dieser Zeit Stoßzähne, Rüssel und Füße als schwere Waffen ein. Zum Glück vergeht die Musth nach einiger Zeit, und es dauert oft über ein Jahr, ehe sie zurückkommt.

Lästiger Rüssel

Neugeborene Elefantenbabys wissen mit ihrem Rüssel noch kaum etwas anzufangen. Er hängt schlaff vor ihrem Mäulchen und ist zunächst einmal hinderlich beim Trinken. Erwachsene Elefanten können mit dem Rüssel Wasser aufsaugen und ins Maul spritzen. Babys können das aber nicht. Sie müssen mit der Schnauze direkt an den Zitzen der Mutter trinken. Das Elefantenkind übt den Gebrauch seines Rüssels ungefähr mit der gleichen Ausdauer, wie ein Menschenkind den Gebrauch der Hände übt. Tatsächlich ist der Rüssel des Elefanten ja auch seine Hand: unglaublich vielseitig und geschickt. Aber das Zusammenspiel der vielen Muskeln will gelernt und geübt werden, jeden Tag, viele Monate lang. Manchmal haben es die Kleinen scheinbar richtig satt, dass das Anhängsel noch nicht so funktioniert, wie sie wollen. Sie bewegen dann den Kopf so hin und her, dass der Rüssel wie Windmühlenflügel im Kreis umherfliegt. In diesem Augenblick taugt das Ding wenigstens zum Spielen.

Zwei verwandte Rüsseltiere

Afrikanischer Elefant

Indischer Elefant

Die tanzenden Kraniche

Es wird Frühling im Zoo, und besonders bei den Vögeln werben die Männchen von früh bis spät um die Weibchen. Am auffälligsten benehmen sich dabei die vier Kraniche. Im ganzen Zoo hört man ihre Trompetenrufe. Und auf der Wiese neben dem Teich führen sie ihre schönen Tänze vor: Sie verneigen sich voreinander, springen in die Luft und laufen im Kreis umeinander herum. Immer wieder, tagelang.

Plötzlich ist der Tanz vorbei. Stattdessen sieht man die Vögel jetzt bedächtig nach Schilfrohr und Zweigen suchen, um damit ihre Nester zu bauen. Das eine Paar hat sich eine kleine Insel im Teich als Brutplatz ausgesucht, das andere errichtet sein Nest zwischen Büschen. Für Tierpfleger Nils beginnt nun eine schwierige Zeit. Denn Kraniche verteidigen ihre Nester gegen alles und jeden.

Trotzdem muss Nils jeden Tag kontrollieren, ob alles in Ordnung ist. Er freut sich sehr, als er auf dem Inselnest einen brütenden Vogel entdeckt. Wenig später sieht er, dass auch auf dem Nest in den Büschen ein Vogel brütet. Doch bevor der Kranich mit Flügeln und Schnabel auf ihn losgeht, verschwindet der Tierpfleger schnell wieder.

Heute schaut Nils wieder nach den Nestern. Das Paar auf der Insel brütet brav. Aber auf dem Nest zwischen den Büschen sitzt kein Vogel mehr. Ein zerbrochenes Ei und ein verlassenes Ei liegen im Nest, und die beiden Kraniche sind nicht zu sehen. Was ist passiert? Nils ahnt es schon: Ein Fuchs hat nachts im Zoo geräubert. Schnell prüft er das letzte Kranichei, das noch lauwarm ist.

Er nimmt es mit in den Brutraum für Vogeleier. Dort hält er es vor eine Lampe und sieht, dass sich im Ei ein Küken entwickelt. Dann legt er das Ei auf ein Gerät, das den Herzschlag des Kükens sichtbar macht. So kann er sehen, dass das Herzchen schlägt und das Küken noch lebt. Vorsichtig legt Nils das Ei in einen Brutapparat. Zweimal täglich muss er es wenden. Ab und zu hält er es an sein Ohr und piepst wie eine Kranichmutter.

Kurz vor dem Schlüpfen antwortet das Küken im Ei: „Pieppieppiep?" Jetzt dauert es nicht mehr lange, bis der kleine Kranich sein Ei verlässt. Er braucht dann einen warmen Käfig, sehr gutes Futter und viel Fürsorge. Nils weiß, wie viel Arbeit und Freude es macht, ein Kranichküken aufzuziehen. Denn er kümmert sich bereits eine ganze Weile um die Kraniche und hat schon häufiger Kranichküken großgezogen.

179

Der kleine Kranich hat den Namen Unico bekommen. Sein Futter besteht aus gehacktem Grünzeug, gekochten Eiern und getrockneten Insekten. Eigentlich könnte er selber fressen, aber als Waisenkind tut er sich schwer damit. Er braucht das Vorbild der Eltern, um das Picken zu lernen. Deshalb bastelt Nils aus einem Strumpf und Pappe eine Art Kranichkopf, den er über seine Hand stülpt. Damit pickt er ins Futter. Bald versteht Unico, was er tun muss, um satt zu werden. Er frisst und wächst und wächst.

Der Käfig wird ihm allmählich zu klein, denn er will ja seine Beine und seine Muskeln trainieren. Wieder ist Nils als Kranichersatz gefragt. Er geht jetzt täglich mit Unico spazieren, ganz langsam und mit Ruhepausen, genau wie ein fürsorglicher Kranich es tun würde. Und Unico rennt um die langen Menschenbeine herum, als wären es Kranichbeine. Er lernt, sich im Gras und am Ufer sicher zu bewegen, und frisst vom Regenwurm bis zur Libelle alles, was er finden und fangen kann. Nils freut sich jeden Tag, wie gut sein Adoptivkind sich entwickelt. Nur schade, dass es nicht bei seinen natürlichen Eltern aufwachsen kann wie die beiden anderen Kranichküken auf der Insel.

Die Kranicheltern mit dem Nest auf der Insel sind vom Fuchs verschont worden. Füchse schwimmen nämlich nicht gern. Noch bevor Unico im Brutkasten geschlüpft war, haben die beiden Küken auf der Insel ihre engen Eischalen und das Nest verlassen. Die Kranicheltern beginnen sofort, die Küken auf der Suche nach Futter herumzuführen. Davon gibt es auf der kleinen Insel aber nicht viel. Doch Nils hat sie reichlich mit seinem Kükenfutter versorgt. So lernen die Kranichkinder schnell, wie und was sie im Zoo fressen können.

Eines Tages aber ist die Insel leer. Die ganze Familie ist jetzt auf der großen Wiese. Kranichküken können nämlich sofort schwimmen, wenn sie den Eltern folgen wollen. Die Kranicheltern führen und beschützen ihre Kinder jetzt vom Morgengrauen bis zum Abend. Wenn Krähen oder Raben die Küken stehlen wollen, verteidigen Vater und Mutter ihren Nachwuchs mit Schnabelhieben und Flügelschlagen. Nachts allerdings muss die Kranichfamilie sich gut verstecken.

Schon gewusst?

Warum kennen Kraniche das V?

Die Saruskraniche leben in Südostasien, wo es nicht so kalt wird, dass die Vögel wegziehen müssen. Unser einheimischer Kranich aber zieht jeden Herbst nach Süden in wärmere Länder, wo er genug zu fressen findet. Die großen Vögel fliegen dann wie ein riesiges V am Himmel. Jeder Vogel spart etwas Kraft, indem er im Windschatten des Vordermannes fliegt. Nur der Vogel an der Spitze bekommt den vollen Luftwiderstand zu spüren. Deshalb muss jeder einmal als Erster fliegen und darf sich, wenn er müde wird, weiter hinten wieder ausruhen. Während des Fluges rufen die Vögel ständig „krai! krai!", was ein bisschen an ihren Namen erinnert. Wenn man sie so zu Hunderten am Himmel ziehen sieht und hört, könnte man meinen, bei uns gäbe es viele Kraniche. Leider stimmt das nicht. Die meisten Kraniche kommen aus dem hohen Norden, wo die Zerstörung ihres Lebensraumes noch nicht so weit fortgeschritten ist wie bei uns in Deutschland.

Räuber im Zoo

Man sollte meinen, im Zoo wären Kraniche und all die anderen Tiere sicher vor Füchsen. Das ist aber nicht so. Füchse leben inzwischen in jeder Stadt. Sie graben, klettern oder quetschen sich durch die schmalsten Ritzen und überwinden so jeden Zaun. Nur ein Wassergraben oder ein Elektrozaun rund um den ganzen Zoo könnte sie wirklich aufhalten.

Menschen als Tiereltern

Wenn Tierpfleger Kranichküken oder andere Tierkinder aufziehen, bricht für die menschlichen Pflegeeltern eine anstrengende Zeit an. Das Futter muss für jede Tierart und jedes Alter richtig zusammengestellt werden. Natürlich soll es auch immer frisch sein. Dann müssen die meisten Tierkinder gewärmt werden, nicht zu viel, aber auch nicht zu wenig. Sie brauchen ein Vorbild, von dem sie lernen können. Sie brauchen Bewegung, aber auch Aufsicht und Schutz vor der eigenen Neugier. All das erledigen die natürlichen Eltern unter natürlichen Bedingungen perfekt. Sie wissen, was sie tun müssen, weil es ihnen angeboren ist. Wir Menschen müssen viel darüber nachdenken und bleiben doch oft ein unvollkommener Ersatz.

Einige Verwandte der Saruskraniche

Einheimischer Kranich

Kronenkranich

Mandschurenkranich

Der Boxkampf der Kängurus

Während die anderen Roten Riesenkängurus gerade genüsslich an dem schönen weichen Heu kauen, sind die beiden Halbbrüder Bill und Bob mit einem wilden Boxkampf beschäftigt. Sie stehen sich gegenüber und versuchen, halb im Spiel und halb im Ernst, den anderen mit den Vorderpfoten zu packen. Dabei wirft jeder den Kopf so weit wie möglich in den Nacken, damit der andere ihn nicht erwischt. Aber Bob gelingt es dann doch. Er stützt sich auf seinen dicken Schwanz und tritt Bill mit aller Kraft in den Bauch. Der wankt ein bisschen und muss sich auf seinen Vorderpfoten abstützen, doch dann geht das Gerangel gleich weiter.

Tierpflegerin Lea beobachtet die beiden von Weitem. Da sie noch jung sind und noch nicht ernst machen, nimmt keines der Tiere Schaden bei der Rangelei. Aber Lea denkt mit Sorge an den Tag, an dem Bill und Bob sich mit ihrem Vater anlegen und um die Rangordnung kämpfen werden. Dabei könnten die Kängurus sich ernsthaft verletzen. Kein Tierpfleger traut sich, die Kämpfer dann zu trennen. Denn ein Riesenkänguru, das mit aller Kraft zutritt, kann einem Menschen den Bauch schwer verletzen.

186

Der Boxkampf der Kängurus

187

Tierpflegerin Lea hat genug von den kämpfenden Teenie-Kängurus gesehen. Jetzt beobachtet sie die Weibchen der Gruppe. Marla hat einen Beutel so groß wie ein Bauchladen. Während sie frisst, hängt er bis auf den Boden hinunter, und ein neugieriges Kängurukind schaut heraus. Mit seinen Vorderpfoten holt es sich etwas Heu zum Probieren.

Neben Marla sitzt ein größeres Kängurukind, das schon zusammen mit den erwachsenen Kängurus Heu frisst. Plötzlich erschreckt etwas das Junge. Es flüchtet sich zur Mutter, öffnet ihren Beutel mit den Händchen und möchte sich darin verstecken. Doch nur sein Kopf und die Vorderbeine haben darin noch Platz.

Die langen Hinterpfoten strampeln in der Luft. Sestia erträgt das geduldig. Lange wird ihr Junges sie ohnehin nicht mehr brauchen.

Das Kind von Quinta ist noch ganz klein. Lea sieht heute zum ersten Mal sein Köpfchen aus dem Beutel der Mutter schauen. Was muss das für ein Gefühl für das Kleine sein, wenn es nach Wochen in seinem dunklen, kuscheligen Beutel auf einmal Tageslicht sieht. Da verschwindet der kleine Kopf wieder. An den Bewegungen des Beutels kann Lea sehen, wie sich das Junge darin umdreht.

189

Schon gewusst?

Die doppelte Geburt

Als die ersten Siedler nach Australien kamen, gab es dort keine Säugetiere wie Mäuse, Katzen oder Affen, sondern nur Beutel-Säugetiere. Zum Beispiel Riesenkängurus, die wie Schafe weiden, Koalas, die auf Bäumen leben, Felsenkängurus, die in Höhlen wohnen, Baumkängurus, Beutelratten, Beutelmäuse, Beutelteufel und viele andere Tiere mit Beutel. Beuteltiere sind eine einfache, sehr alte Art von Säugetieren. Ihre Jungen kommen winzig klein und unterentwickelt zur Welt. Trotzdem müssen sie ohne Hilfe in den Beutel ihrer Mutter krabbeln. Einmal im Beutel angekommen, saugen sie sich an einer Zitze fest und bleiben dort für viele Wochen. Dann erleben sie so etwas wie eine zweite Geburt, wenn sie zum ersten Mal den Kopf aus dem Beutel strecken.

Die Beuteltier-Insel

Überall sonst auf der Welt sind fast alle Beuteltiere von den späteren, modernen Säugetieren verdrängt worden. Nur in Australien blieben sie unter sich. Ähnlich wie auf der Insel Madagaskar die frühen Halbaffen nie von den späteren Affen verdrängt wurden, konnten die Beuteltiere sich auf der Insel Australien bis heute erhalten. Erst nachdem die Menschen Katzen, Hunde, Füchse und Kaninchen nach Australien gebracht hatten, verschwand eine Beuteltierart nach der anderen. Inzwischen aber bemühen sich Tierschützer darum, die Beuteltiere zu erhalten. Es gibt Nationalparks, die nicht nur den Beuteltieren, sondern auch Vögeln, Echsen, Schlangen und Fröschen helfen.

Rettung für den Beutelteufel

Außerdem werden Beuteltiere gezüchtet, um sie später auswildern zu können. Dann bringen Helfer sie auf Inseln, auf denen keine modernen Säugetiere leben. So konnten sie zum Beispiel die kleinen, schwarzen Beutelteufel vor dem Aussterben retten. Aber für den Beutelwolf mit seinen tigerähnlichen Streifen kamen die Zuchtprogramme leider zu spät. Er ist schon lange verschwunden.

Verschiedene Beuteltiere

Beutelratte

Beutelteufel

Tüpfelkuskus

Wallaby

Die Geburt der Seepferdchen

In der langen Reihe der Aquarien fällt eines besonders auf, weil von Weitem überhaupt kein Fisch darin zu sehen ist. Wenn man aber direkt davorsteht, erkennt man die seltsamen, fast durchsichtigen kleinen Bewohner, die Seepferdchen. Sie gleiten aufrecht durch das Wasser oder halten sich mit ihrem Schwanz an Seegrasstängeln oder Korallenzweigen fest. Während der Laichzeit, wenn die Seepferdchen ihre Eier ablegen, umtanzen Männchen und Weibchen sich im Wasser. Zwischendurch bleiben sie immer wieder für einen Moment still voreinander stehen. Dann tanzen sie wieder, bis sie das nächste Mal stehen bleiben.

Schließlich umschlingen sich die beiden Schwänze, und die Seepferdchen stehen sich gegenüber, Kopf an Kopf, Bauch an Bauch. Dabei presst das Weibchen seine Eier dem Männchen in dessen Bauchtasche. Jetzt ist das Männchen schwanger. Die Eier entwickeln sich nun in seinem Bauch.

Das Männchen muss jetzt das Becken verlassen. Dazu lenkt Tierpfleger Bastian es mit einem Netz unter Wasser in eine Schüssel und bringt diese in ein Nachbarbecken. Seepferdchen sollten nämlich möglichst nicht mit Luft in Berührung kommen, da sie sonst Schaden nehmen können.

Dem Seepferdchenmann scheint es zu gefallen, dass er jetzt so ruhig und allein lebt. Er bewegt sich nicht mehr viel, während sein Bauch immer dicker wird. Und nach etwa zwei Wochen setzt die Geburt ein: Die Bauchtasche zieht sich immer wieder zusammen und stößt jedes Mal einige winzige Seepferdchen ins Wasser hinaus. Die Geburt kann sehr lange dauern, da manche Seepferdchenväter weit über hundert Babys im Bauch tragen. Überall im Aquarium wimmelt es von den Kleinen. Es wird nun höchste Zeit, den Vater herauszufangen. Seine Kinder regen nämlich bald seinen Appetit an. Es könnte dann passieren, dass er sie für Beute hält ...

Kaum hat der Vater das Becken verlassen, brauchen die jungen Seepferdchen lebendes Futter. Es muss so winzig sein, dass es in ihre kleinen Mäulchen passt. Bastian hat natürlich vorgesorgt. Hinter den Aquarien bewahrt er viele große und kleine Becken mit Futtertieren auf. Jetzt schöpft er einen Becher einer leicht trüben Brühe ab und gießt sie in das Becken der Seepferdchenbabys. Die kleinen Seepferdchen stürzen sich sofort auf das Planktonfutter und beginnen zu fressen.

Schon gewusst?

Fisch oder Pferd?

Seepferdchen sind recht sonderbare Fische. Mit ihrer pferdeähnlichen Kopfform, der aufrechten Haltung und dem Ringelgreifschwanz sehen sie ganz anders aus als andere Fische. Auch die Tatsache, dass die Seepferdchen-Männchen die Jungen gebären, ist ungewöhnlich. Trotzdem sind Seepferdchen sehr gut für das Leben in den Meeren ausgerüstet. Denn es gibt insgesamt 32 verschiedene Seepferdchen-Arten in allen Meeren der Welt, wobei die kleinsten Seepferdchen nicht einmal zwei Zentimeter groß sind.

Fisch oder Pflanze?

Noch ungewöhnlicher als die Seepferdchen sehen ihre Verwandten, die Fetzenfische, aus, die man recht leicht mit Pflanzen verwechseln kann. Denn sie leben zwischen Pflanzen, die aussehen wie sie selbst. Während sich die Pflanzen im Wasser hin und her wiegen, bewegen sich die Fetzenfische mit ihnen und werden so für Räuber fast unsichtbar. Wehrlose Tiere wie die Fetzenfische schützen sich, indem sie für ihre Verfolger scheinbar mit ihrer Umgebung verschmelzen. Für das Auge des Räubers sind die Körperformen des Beutetieres nicht mehr von der Umgebung zu unterscheiden. Auch bei den Fetzenfischen gebären die Männchen die Jungen. Sie besitzen keine Bauchtasche, sondern tragen die Eier festgeklebt an der Unterseite ihres Schwanzes.

Die Nadel im Meer

Im Vergleich zu den Fetzenfischen sehen die Seenadeln, die auch mit den Seepferdchen verwandt sind, relativ normal aus. Mit dem lang gestreckten Körper erinnern sie tatsächlich ein wenig an eine Nadel. Sie schwimmen aufrecht. Weil sie so dünn und durchsichtig sind, kann man sie leicht übersehen.

Das Orang-Utan-Gespenst

Tierpfleger Andi wohnt im Zoo. Von seinem Wohnzimmer aus kann er viele der Tierhäuser und Gehege sehen. Im Sommer sitzt er abends oft am Fenster und beobachtet, was die Tiere machen, wenn keine Besucher mehr da sind. Weil er einen so kurzen Weg zur Arbeit hat, ist er morgens immer der Erste. Mit seinem großen Schlüsselbund schließt er eine Tür nach der anderen auf und steht bald schon vor seinen Orang-Utans.

„Guten Morgen, ihr Schlafnasen", begrüßt er sie. „Wie geht's euch?" Der riesige Manitu, seine Frau Schari und ihr Junges Ottolina drängen sich ans Gitter. Frühstück! Andi gibt jedem Affen Apfelstückchen und Orangenscheiben. Dafür schenkt ihm Schari einen kaputten Ball. Und dann reicht sie eine Schraube durch das Gitter. Für so ein schönes Geschenk erwartet sie eine Traube, ihr Lieblingsobst. Aber wie kommt sie an eine Schraube?

Andi lässt die drei Orang-Utans aus dem Schlafkäfig in den großen Tageskäfig. Dann geht die Suche los. Schließlich entdeckt er die Stelle, wo die Schraube fehlt. Die Affen haben es tatsächlich geschafft, eine der beiden Schrauben herauszudrehen, mit denen das Kletterseil oben am Käfigdach festgemacht ist. Bis zum Abend muss alles repariert sein.

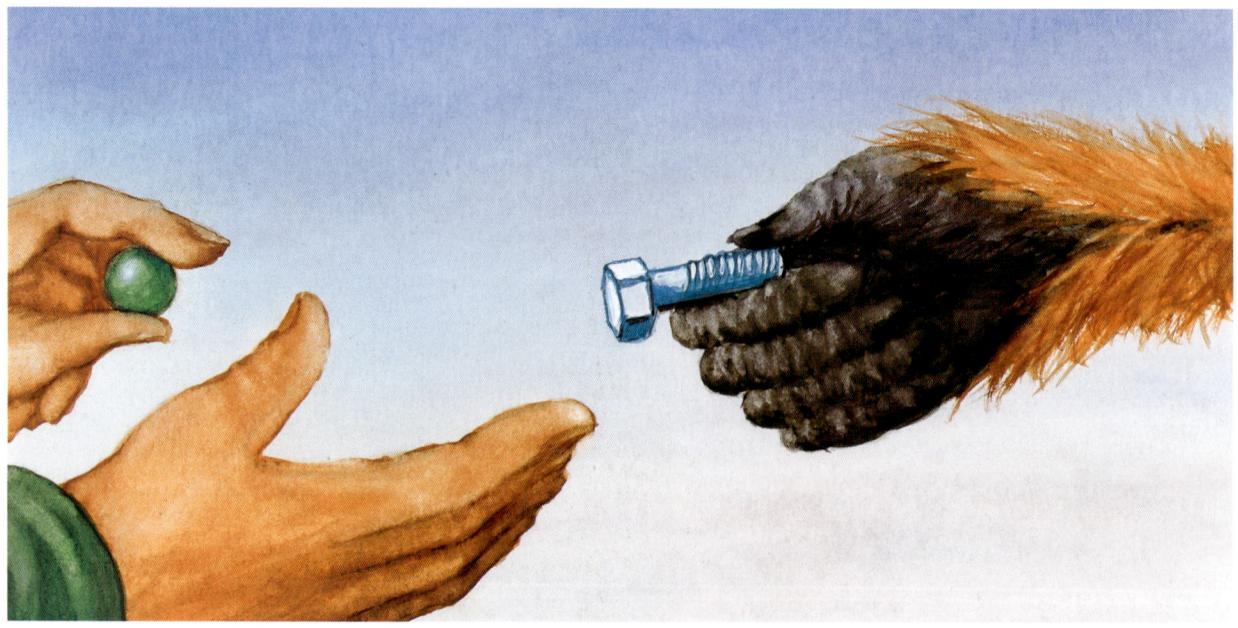

199

Schari und Ottolina klettern viel und gerne. Deshalb hat Schari ihr neues Spielzeug, einen Plastikkanister, gleich mit zu ihrem Lieblingsplatz hoch über dem Boden genommen. Dort schüttelt sie ihn immer wieder, bis etwas aus der kleinen Öffnung fällt. Im Kanister sind Nüsse und Möhrenstückchen. Andi hat die Möhren so groß geschnitten, dass sie die Öffnung schon einmal verstopfen. Dann pult Schari mit einem Finger darin herum, bis das Loch wieder frei ist. Pech nur, dass manchmal das, was herauskommt, nach unten auf den Boden fällt, genau in Manitus Reichweite. Aber zum Glück hat er genug zu tun, und außerdem macht er sich nicht viel aus Möhren.

In seinem mit Heu und Laub gefüllten Sack sind nämlich auch Nüsse versteckt und dazu noch Rosinen und Sonnenblumenkerne. Vorsichtig und bedächtig klauben die großen, behaarten Hände die winzigen Leckereien aus dem Sack.

Und was macht Ottolina? Sie hält sich mit den Füßen an einem Seil fest und hilft ihrem Vater. Dabei ergattert sie nicht besonders viel zu fressen. Aber dafür lernt sie eifrig, wie man etwas sucht und wie das schmeckt, was man dann findet.

An einem warmen Sonnentag dürfen die Orang-Utans hinaus ins Außengehege. Hier haben sie viel mehr Platz als drinnen. Auch finden sie hier manche Dinge zum Riechen, Anschauen und Spielen, die es in ihrem Käfig nicht gibt. Zum Beispiel einen Regenwurm, den man aber nicht essen kann. Oder ein Kothäufchen von den Raben, die sich gerne auf den Bäumen im Affengehege niederlassen. Dort lauern sie dann auf eine passende Gelegenheit, um den Orang-Utans ihr Futter zu stehlen. Manchmal stochern die Affen auch mit Stöckchen in Löchern und Ritzen.

Außerdem hat sich Andi noch etwas ausgedacht, um die Affen zu beschäftigen. Er steht vor ihrem Gehege und wirft drei große Tücher hinein. Manitu erwischt das erste. Er schleppt es an seinen Lieblingsplatz und macht es sich darauf gemütlich. Ottolina versucht, ihr Tuch nach oben auf einen Ast zu zerren. Aber so einfach ist das nicht. Immer wieder bleibt es an den Ästen hängen, und Ottolina muss das verwickelte Tuch aus den Ästen befreien. Sie muss sich sehr abmühen, bis das Tuch endlich dort liegt, wo es hinsoll. Ganz im Gegensatz zu Schari. Die verschwindet ganz unter ihrem Tuch. Dann steht sie auf, breitet die Arme aus und tapst wie blind umher: ein Gespenster-Affe!

Schon gewusst?

In den Baumkronen zu Hause

In Freiheit leben Orang-Utans fast ausschließlich auf Bäumen. Deshalb sind ihre Arme länger und kräftiger als die der anderen Menschenaffen. In den Baumkronen hangeln sie sich von einem Baum zum anderen, immer auf der Suche nach reifen Früchten. Abends bauen sie sich aus Zweigen Schlafnester – jedes Tier für sich.

In der Kletterschule

Ein Orang-Baby ist bei der Geburt nur etwa halb so schwer wie ein Menschen-Baby und noch hilfloser. Es muss sich sofort im Fell der Mutter festklammern. Sie hilft ihm dabei. In den ersten Monaten lässt sie ihr Kind keinen Augenblick ohne Fürsorge und Schutz. Schon früh beginnt sie, Früchte im Mund zu zerkauen und das Kleine mit dem Brei zu füttern. So lernt es den Geschmack der essbaren Früchte kennen. Mit dem Klettern beginnt es unter Aufsicht der Mutter nur sehr langsam, da ein Sturz aus der Baumkrone wahrscheinlich tödlich wäre.

Wildes Leben lernen

Wenn Orang-Utan-Kinder ihre Mutter durch Wilderer verlieren, kann man sie zwar wie Babys aufziehen. Aber wenn sie dann wieder in die Freiheit zurückkehren sollen, fangen die Probleme an. Denn diesen Waisen fehlt der Unterricht, den Orang-Mütter normalerweise ihren Kindern erteilen. Oft verstehen sie sich nicht mit anderen Orang-Utans. Und sie gehen beharrlich zu Fuß, anstatt zu klettern. Und die wilden Früchte schmecken ihnen nicht so gut wie die Bananen aus der Hand ihres Pflegers. Daher brauchen ihre Betreuer viel Zeit und noch mehr Geduld und Fantasie, um die Kleinen wieder an das wilde Leben im Wald zu gewöhnen.

Weitere Menschenaffen

Gorilla

Schimpanse

Hausputz im Pythonkäfig

Der Tigerpython Kastor liegt im warmen Wasser seines Badebeckens und beobachtet durch die Scheibe, was draußen los ist. Aber die Zoobesucher interessieren ihn nicht. Er hält Ausschau nach seinem Futter. Da er seit Wochen nichts mehr gefressen hat, hat er Hunger. Endlich erscheint Tierpfleger Simon mit einem Eimer und einer großen Pinzette. Als er die Glastür des Terrariums aufschließt, gleitet der Python aus dem Becken. Simon nimmt mit der Pinzette eine tote Ratte aus dem Eimer und schwenkt sie vor dem Maul der Schlange hin und her.

Es dauert ein bisschen, aber dann beißt der Python plötzlich und blitzschnell zu. Er wickelt seinen Körper um die Beute, als wäre die noch lebendig und müsste noch getötet werden. Nach kurzer Zeit lässt er wieder los und sucht mit der Zunge nach dem Kopf der Ratte. Dann schiebt er seine Kiefer langsam über das Futtertier, bis nur noch der Schwanz aus seinem Maul schaut. Und auch der verschwindet nach einiger Zeit. Jetzt ist Kastor satt und träge, sodass Simon übermorgen gefahrlos den Hausputz erledigen kann.

208

Frühmorgens, gleich zu Beginn seiner Arbeitszeit, macht sich Simon an den Hausputz bei dem Python. Er kommt mit Schubkarre, Schaufel, Handschuhen, Bürste, Eimer, Lappen, Spachtel und einem verschließbaren Käfig für Kastor. Simon fasst die Schlange mit dem Handschuh direkt hinter ihrem Kopf an. Dann hebt er sie hoch und lässt sie langsam in den Käfig gleiten. Satt wie er ist, macht der Python keine Anstalten, zu beißen oder zu fliehen. Simon kann den Käfig abschließen und beiseitestellen.

Dann schaufelt er den Bodengrund in die Schubkarre, lässt das Wasserbecken leerlaufen und nimmt die Pflanze und die Äste heraus. Jetzt wird geschrubbt und gekratzt, bis mit dem letzten Schmutzrest auch alle möglichen Krankheitskeime weggewaschen sind. Dann schüttet Simon neuen Bodengrund hinein, gibt neue Äste und eine neue Pflanze dazu und lässt schließlich frisches Wasser in das Becken laufen. Kastor riecht natürlich sofort, dass alles anders ist, und prüft jeden Zentimeter mit der Zunge. Es wird wohl noch einige Zeit dauern, aber dann fühlt der Python sich in seinem Zuhause wieder so gut und sicher wie vorher.

Schon gewusst?

Sind Pythons giftig?

Pythons gehören zu den ungiftigen Schlangen. Sie ergreifen ihre Beute mit dem Maul, umschlingen sie und drücken ihr so die Luft ab. Wenn sich ein Python bedroht fühlt, beißt er zu und reißt dabei mit seinen Zähnen schmerzhafte Wunden. Pythons sind aber nicht immer angriffslustig. Wie reizbar ein Python ist, hängt vom Charakter jeder einzelnen Schlange ab. So kommen einige Pythons mit dem Leben im Zoo gut zurecht und lassen den immer gleichen Ablauf von Fütterung und Reinigung gelassen über sich ergehen, wohingegen andere ihr ganzes Leben lang unberechenbar und reizbar bleiben.

Fette Beute

Über die Größe der Beutetiere gibt es wahre Schauergeschichten: Fest steht, dass eine Riesenschlange weder einen Menschen noch eine Kuh herunterwürgen kann. Selbst kleine Schweine frisst der Python nur selten. Meistens sucht sich die Schlange viel kleinere Beutetiere. Denn je größer das Beutetier ist, desto unbeweglicher wird sie

nach der Mahlzeit. Dann kann sie sich schlecht wehren oder fliehen. Zum Glück brauchen Pythons nur wenig Nahrung und können ohne Schaden wochenlang hungern. Im Lauf eines Jahres frisst der Python nur ungefähr so viel, wie er selbst wiegt.

Pythonkinder wissen schon alles

Pythonweibchen legen bis zu 100 Eier. Je größer das Tier ist, desto mehr Eier legt es. Sie kleben zu einem Haufen zusammen, den die Schlange umschlingt, den Kopf obendrauf gebettet. Zwei Monate lang bebrütet und verteidigt sie die Eier. Diese Zeit ist gefährlich für sie, weil sie sich am Boden aufhält und nicht nur Raubtiere, sondern auch Menschen ihr Fleisch schätzen. Sobald aber die jungen Pythons aus den Eiern geschlüpft sind, trennen sich Mütter und Kinder. Die Mütter müssen den Kleinen nämlich nichts beibringen, da sie instinktiv wissen, wo sie sich verstecken müssen, welche Beute für sie infrage kommt und wie sie sie fangen und töten müssen. Das Leben in der Natur ist aber so hart, dass am Ende nur ein kleiner Teil der Jungen überlebt.

Weitere Riesenschlangen

Abgottschlange
(Boa constrictor)

Netzpython

Grüne Anakonda

Königspython

Ein Tapir im siebten Himmel

Tamina, das Flachlandtapir-Weibchen, hat eine dicke Backe und kann deshalb nicht mehr richtig fressen. Ausgerechnet jetzt, wo sie so viel fressen muss, weil Pepino, ihr Junges, ständig Hunger hat und jeden Tag seine Milch trinken will. Tierpflegerin Svenja ruft daher den Tierarzt.

Als der Tierarzt mit Svenja in den Tapirstall geht, hat er zwar seinen Arztkoffer dabei, aber kein Blasrohr zur Betäubung des Tapirs. Stattdessen beginnt Svenja, mit einer Bürste über den Rücken der Tapirmutter zu streichen. Tamina legt sich hin, sinkt zur Seite und hebt die Beine, damit Svenja auch ihren Bauch bürstet. Der Tapir ist mittlerweile vollkommen entspannt.

Jetzt kann der Tierarzt mit seiner Untersuchung beginnen. Das Tier lässt sich ins Maul schauen und die geschwollene Backe abtasten: Ein kleiner Zweig hat sich beim Fressen in die Backentasche gebohrt, und die Wunde hat sich dann entzündet. Sie muss nun gereinigt und gespült werden. Dann bekommt Tamina noch eine Spritze gegen die Entzündung. Als Svenja mit dem Bürsten aufhört, erwacht Tamina wie aus einer Narkose. Dann steht sie auf und schaut sich nach Pepino um.

213

Während Tamina und Pepino im Moment meistens im Stall sind, hält sich Rufus, der Tapirmann, draußen im Gehege auf. Er liebt vor allem das Badebecken. Dort kühlt er sich gern ab, wenn die Sonne heiß auf sein sehr kurzes Fell scheint.

Im Augenblick aber hat der Tapir Wichtigeres zu tun. Svenja hat mit der Schubkarre ein dickes Bündel Äste mit Laub in das Gehege gebracht. Rufus liebt frische Äste. Er schnüffelt daran und überlegt, welche er zuerst fressen möchte: lieber Linde oder doch Haselnuss? Nein, Eiche schmeckt ihm heute am besten. Mit seinem kurzen Rüssel zieht er die Eichenblätter aus dem Haufen direkt ins Maul.

Während er langsam kaut, beobachtet er Svenja, die wie jeden Tag mit der Grasharke das Gehege sauber macht. Aber dann holt sie den Wasserschlauch und füllt tatsächlich die Schlammsuhle mit Wasser auf. Rufus ist begeistert. Schlamm ist noch viel schöner als nur Wasser. Er stopft sich schnell einen Rüssel voll Blätter ins Maul und wälzt sich dann genussvoll in der Schlammsuhle. Für den Tapirmann ist der Schlamm kein Dreck, sondern allerfeinste Hautcreme, die ihn auch noch sehr gut vor Mücken schützt.

215

Schon gewusst?

Die unsichtbaren Tapire

Wenn man Tapire im Zoo sieht, wirken sie häufig sehr ruhig. Das liegt daran, dass die Tiere eher in den Morgen- und Abendstunden aktiv sind. Tapire sind Urwaldtiere, die viel Zeit in kleinen Flüssen oder Tümpeln verbringen. Ihre Jungen sind mit ihrem gestreiften Fell im Spiel von Licht und Schatten, den Bäume und Büsche werfen, so gut wie unsichtbar und daher auch sehr gut geschützt. Und die Tarnung ist überlebenswichtig, da die Tapirjungen zu der Lieblingsbeute von Jaguaren und einigen anderen Raubkatzen gehören.

Das einsame Tapirkind

Tapirjunge sind immer Einzelkinder, und da ihre Mütter Einzelgänger sind, haben sie nie Spielkameraden. Wie andere Tierkinder springen auch kleine Tapire um ihre Mutter herum und vollführen dabei wilde Bocksprünge oder veranstalten Galopprennen. Sie stupsen dabei die Mutter immer wieder an und fordern sie so zum Mitspielen auf, jedoch ohne Erfolg.

Coole Tapirmütter

Ebenso ruhig bleiben Tapirmütter auch im Zoo, wenn ihr Junges gewogen oder vom Tierarzt behandelt werden muss. Das kann an der außergewöhnlichen Situation liegen. Denn natürlich kommen solche Ereignisse im Urwald nicht vor. Aber da alle anderen Wildtiermütter auch im Zoo ihre Jungen aufs Heftigste verteidigen, liegt es wohl eher an der ungewöhnlichen Gemütsruhe der Tapire.

Rettung in letzter Minute

In Südamerika gibt es drei Tapirarten, in Südostasien eine, den Schabrackentapir. Außer den Flachlandtapiren, von denen die Geschichte handelt, sind alle anderen Arten in Zoos nur selten zu sehen und im Freiland stark bedroht. Denn ihre Wälder werden abgeholzt, Felder breiten sich aus, und die Tapire haben dort keinen Platz mehr. Vielleicht sind die Zoos bald ihre letzte Zuflucht, um zu überleben.

Alle Verwandten des Flachlandtapirs

Bergtapir

Mittelamerikanischer Tapir

Schabrackentapir

Aufregung im Streichelzoo

Im Streichelzoo werden heute alle Tiere gezählt. Zuerst sind die Meerschweinchen an der Reihe. Die Tierpflegerinnen Lara und Nora wollen herausfinden, wie viele Männchen, Weibchen und Jungtiere zurzeit im Gehege leben. Alle Meerschweinchen haben sich quiekend in das niedrige Haus geflüchtet, um sich zu verstecken. Nora schließt die kleinen Türen und klappt das Dach auf. Die Meerschweinchen rennen alle wild durcheinander. Lara fängt ein Tier nach dem anderen heraus und setzt es in eine der drei Kisten für Männchen, Weibchen oder Jungtiere.

Die Männchen kommen in ein getrenntes Gehege, damit nicht immer neue Babys zur Welt kommen. Lara zählt 10 Männchen, 17 Weibchen und 30 Junge. Einige davon sind erst wenige Stunden alt. Wer ihre Mutter ist und wer ihre Geschwister sind, weiß Lara nicht. Denn die Kleinen wuseln zwischen den Großen herum, mit Fell und offenen Augen. Nur die Kleinen selbst wissen genau, wer ihre Mutter ist.

Bei den Kaninchen sieht es ganz anders aus. Hier stehen viele kleine Häuschen. Als Lara und Nora mit den Netzen kommen, fliehen die Kaninchen Richtung Zaun. Zuerst werden aber die Häuschen kontrolliert. Unter jedem aufgeklappten Dach findet sich ein Nest aus Heu und Kaninchenwolle. In manchen Nestern haben die Jungen schon Fell und die Augen geöffnet, in anderen Nestern liegen die nackten Babys blind und taub und strampeln unbeholfen mit den Beinchen. Ihre Mutter saust derweil draußen herum und will sich nicht einfangen lassen.

Es hilft nichts, auch hier wird gezählt: 15 Männchen, 12 Weibchen und 36 Junge. Das sind zwar noch nicht zu viele Tiere. Aber Lara und Nora wissen, dass Kaninchen schon wieder schwanger werden können, kaum dass die Jungen geboren sind. Wenn sie jetzt die Männchen nicht herausnehmen, werden sie schnell hundert Kaninchen im Gehege haben. Also tragen sie die 15 Männchen in einer Kiste zu einem anderen Stall. Dort dürfen die Kinder zu den Kaninchen in den Stall gehen, sie auf den Arm nehmen und streicheln, so viel sie wollen.

Schon gewusst?

Leben Meerschweinchen im Meer?

Ihren Namen haben die Meerschweinchen, weil sie wie Schweinchen quieken und von Südamerika über das Meer zu uns gekommen sind. Sie quieken nicht nur aus Freude oder Angst. Sie sind auch sonst sehr gesprächig. Ständig sind alle Tiere der Gruppe genau informiert, wem es gerade wie geht. Da wird in allen Tonlagen gegluckst und geschnattert.

Mit etwas Übung können Menschen lernen, diese Sprache zu verstehen und selbst zu sprechen. Als Haus- und Kindertiere eignen sich Meer- schweinchen besonders gut, weil sie so harmlos sind und Menschen nicht beißen. Untereinander gilt das allerdings nicht. Sie brauchen zwar unbedingt die Gesellschaft anderer Meerschweinchen, aber nicht alle Tiere mögen sich. Besonders Tiere, die sich nicht kennen, beißen sich manchmal so lange, bis eines schwer verletzt ist. Dann muss man die beiden Kämpfer voneinander trennen und einen von ihnen aus der Gruppe herausnehmen.

Sind Kaninchen Hasen?

Kaninchen sind keine Hasen. Hasen sind wesentlich größer und haben viel längere Ohren als Kaninchen. Anders als Hasen graben Kaninchen Höhlen und Tunnel in die Erde. Dort werden die Kaninchenkinder nackt, blind und taub geboren. Sie werden ständig von ihrer Mutter umsorgt und gewärmt. Hasenkinder können dagegen sofort sehen und hören und haben ein kuscheliges, warmes Fell.

Warum gibt es im Streichelzoo keine Hasen?

Hasen sind Wildtiere, die man so gut wie nie im Zoo sieht. Sie sind in Gefangenschaft kaum zu halten, da sie scheu bleiben und Spezialfutter brauchen. In Freiheit leben Hasen ohne feste Baue oder Nester, auch im Winter. Ihre Jungen werden im Frühling in einer flachen Erdmulde geboren. Nach der Geburt verlassen die Neugeborenen wie Meerschweinchen sofort ihr Nest. Die Häsin lässt sie die meiste Zeit allein. Nur weil sie mit ihrem braunen Fell bewegungslos in der braunen Ackerfurche ausharren, sind sie für Räuber nicht zu erkennen. Außerdem haben sie keinen eigenen Geruch, sodass ein Räuber sie nicht riechen kann.

Die Verwandten von Meerschweinchen und Kaninchen

Verwandte des Meerschweinchens

Verwandte des Kaninchens

Capybara (Wasserschwein)   Mara (Pampashase)   Feldhase   Schneehase

Wer ist der stärkste Bison?

Wotan ist ein Bisonbulle, ein Kraftpaket auf vier Beinen. An manchen Tagen weiß er einfach nicht, wohin er mit seiner Kraft soll. Dann quält er seine Kühe oder reibt sich bis zum Umfallen an einem Baum, und zwar bis der Baum umfällt. Oder er macht sich an den Absperrstangen zu schaffen, was ihnen nicht gut bekommt. Wotan braucht dringend ein passendes Spielzeug. Und das kommt heute. Im Gehege gibt es einen Betonring, der fest im Boden verankert ist. Mithilfe eines Krans wird ein schwerer Baumstamm in den Ring eingesetzt. Daran hängt an einer Kette ein zweiter, beweglicher Stamm.

Begeistert schleudert Wotan sofort den Stamm an der Kette herum. Dann schiebt er seinen Kopf darunter und lässt sich den Stamm in den Nacken fallen. Jetzt stößt er das Holz mit den Vorderbeinen herum. Dazu schnauft und schnaubt er. Es dauert lange, bis der Bulle endlich genug hat und müde wird. Tierpflegerin Nancy lockt ihn nun in eine kleine Absperrung, wo ein großer Haufen Gras auf ihn wartet. Während Wotan frisst, kann sie im Gehege sauber machen.

Die drei Bisonkühe sind kleiner und vor allem ruhiger als Wotan. Zurzeit verlieren sie ihre Winterwolle. Nancy hilft den Tieren gern ein bisschen beim Fellwechsel. Aber mit einem Striegel traut sie sich doch nicht an die Bisons heran. Bevor sie das Gehege von Mist und Futterresten reinigt, kämmt sie daher die überflüssige Wolle einfach mit ihrer Harke von den massigen Körpern herunter. Nebraska und Montana mögen das und halten ganz still.

Aber Dakota hält nichts von Nancy und ihrer Grasharke. Sie hat gestern ein Kalb bekommen und lässt in den ersten Tagen nichts und niemanden in seine Nähe. Nancy weiß das und macht daher um Dakota und ihr Baby einen großen Bogen.

Erst nachdem die Tierpflegerin das Gehege verlassen hat, gesellt sich Dakota wieder zu den beiden anderen Kühen. Doch auch wenn sie Nancy mit ihrer Harke nicht an sich heranlässt, findet sie einen Weg, ihre überflüssige Winterwolle loszuwerden. Jetzt kann man nämlich sehen, dass auch sie Helfer beim Fellwechsel hat. Auf ihrem Rücken sitzen immer wieder Dohlen. Wenn sie davonfliegen, sind ihre Schnäbel voller Wolle, die sie zum Nestbau gut gebrauchen können. Geduldig lässt sich Dakota das Gezupfe der Dohlen gefallen.

227

Die Bisonkuh Nebraska ist die Tochter von Wotan und Dakota vom vorigen Jahr. Sie ist jetzt fast erwachsen und darf keinesfalls ein Kalb von ihrem Vater bekommen. Deshalb muss sie in einen anderen Zoo umziehen. Schon seit Tagen bleibt Nebraska allein im Stall und wird nur noch in der Transportkiste gefüttert, die dort aufgestellt wurde. Nachdem sich das Tier an die Kiste gewöhnt hat, kommt eines Morgens ein großer Gabelstapler, um die Kiste mit Nebraska abzuholen.

Aber sie spürt die Unruhe draußen hinter dem Stall. Bockig steht sie im hintersten Winkel und ist weder durch gutes Zureden noch mit Leckerlis dazu zu bringen, einen einzigen Schritt in die Kiste zu machen. Schlimmer noch: Weil sie zu den anderen Bisons nach draußen will, versucht sie, die Tür zum Gehege einzurennen. Dort schnaubt Wotan wütend, weil er seine Nebraska wiederhaben will. Jetzt muss schnell gehandelt werden: Nebraska bekommt vom Tierarzt ein starkes Beruhigungsmittel mit dem Blasrohr verpasst. Und endlich geht sie leicht benebelt und friedlich in die Transportbox. Gute Reise, Nebraska!

Schon gewusst?

Die Büffel der Indianer

Der Bison ist der sogenannte Büffel der Indianer. Bevor die Weißen Amerika entdeckten, gab es dort riesige Büffelherden. Die Indianer erlegten die Bisons mit Pfeil und Bogen. Da das schwierig und gefährlich war, töteten sie nie mehr Bisons, als sie brauchten. Sie verwerteten restlos alles von den Tieren und gewannen so Fleisch, Kleidung, Schmuck, Werkzeuge und viele andere nützliche Dinge. Dann kamen die Siedler mit ihren Feuerwaffen, mit denen sie leicht Tausende Tiere auf einmal erschießen konnten, oft einfach nur zum Vergnügen. Die Ausrottung der Bisons hatte aber auch noch einen anderen Grund: Die Indianer verloren so ihre Lebensgrundlage und konnten nun endgültig von den Siedlern besiegt werden. Von 60 Millionen Bisons blieben schließlich nur 835, zum Teil in Zoos, übrig. In letzter Minute wurde das Morden eingestellt. In Montana, Nebraska und Dakota wurden große Naturschutzgebiete eingerichtet, wo Bisons gezüchtet wurden. Heute gibt es zum Glück schon wieder über 150 000 Tiere.

Wie züchtet man Bisons?

Wenn Tiere im Zoo gezüchtet werden, muss man darauf achten, dass eng miteinander verwandte Tiere keine Nachkommen bekommen. Wir wissen nämlich schon lange, dass diese Nachkommen häufig schwächlich sind oder an Erbkrankheiten leiden. Um das zu verhindern, haben unsere Haus- und Rassetiere sogenannte Zuchtbücher. Darin sind ihre Verwandten bis zu den Ur-Ur-Ur-Großeltern verzeichnet. Auch für Zootiere werden Zuchtbücher geführt. Jede Tierart hat ein eigenes Zuchtbuch, das ein ausgewählter Zoo verwaltet. Sobald ein Tier geboren wird, wird es dem Zoo gemeldet. Dann wird entschieden, wohin das Tier später verkauft werden kann, was eine komplizierte Angelegenheit ist. Aber gerade bei Arten, die in Freiheit kurz vor der Ausrottung stehen, muss man nicht nur möglichst viele, sondern auch möglichst gesunde Nachkommen züchten. Denn die Tierschützer wollen für die Tiere irgendwann wieder einen Lebensraum in Freiheit schaffen. So wie es bei den Bisons gelungen ist.

Einige Verwandte des Bisons

Wisent

Yak

Zebu

Watussirind

Gefährliche Giraffengeburt

Seit Tagen schon herrscht große Aufregung im Giraffenstall. Es dauert nämlich nicht mehr lange, bis die Giraffenmutter Lady ihr Kalb zur Welt bringt. Ohne dass die Giraffen es merken, wird die trächtige Lady Tag und Nacht beobachtet. Endlich ist es dann so weit. Bei der Geburt stürzt das Kleine aus einer Höhe von über zwei Metern ins Stroh und bleibt erst einmal dort liegen. Es hebt den Kopf, schüttelt die Ohren und schaut sich um. Sofort beugt sich die Mutter zu ihm herunter. Sie schnuppert an ihm und merkt sich, wie ihr Junges riecht. Dann leckt sie es sauber und ermuntert es, aufzustehen.

Nachdem es zuerst immer wieder umgefallen ist, schafft es das Kalb endlich, auf seinen eigenen Beinen zu stehen. Es beginnt auch gleich, vorsichtig umherzugehen. Ah ja, dort steht also die Mama. Und wo ist jetzt die Milchbar? Das Giraffenkind sucht das Euter zunächst vorne zwischen den Beinen seiner Mutter – doch da ist nichts. Aber hinten klappt es dann mit dem Trinken sofort, denn Lady hält ganz still. Überhaupt bewegt sie sich in den ersten Lebenstagen ihres Kalbs nur ganz langsam und vorsichtig, weil sie das Kleine auf keinen Fall umwerfen will.

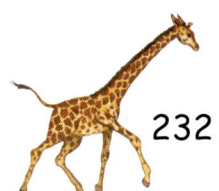

Das Giraffenkind ist nun zwei Tage alt, und es ist Zeit für die ersten Untersuchungen des Tierarztes. Aber vorher muss Lady ins Nachbargehege gelockt werden. Sonst würde sie ihr Junges mit Fußtritten gegen jeden Angriff verteidigen. Und auch das Kalb lässt sich keineswegs widerstandslos festhalten. Dafür braucht man zwei starke Männer: die beiden Tierpfleger Chris und Kevin.

Zuerst stellen sie fest, ob es sich um einen Jungen oder ein Mädchen handelt: Ladys Nachwuchs ist ein kleiner Bulle. Dann wird er gewogen, auch wenn er noch so strampelt. Danach wird er genau vermessen. Zuerst messen die Tierpfleger, wie groß das Giraffenkind ist. Dann stellen sie fest, wie lang es ist und wie dick sein Bauch ist. Diese Angaben sagen auch schon etwas über seine Gesundheit aus. Nun bekommt der kleine Bulle vom Tierarzt, Doktor Pazienza, einen winzigen Chip unter die Haut gepflanzt. Dieser Chip, den er sein Leben lang behält, ist eine Art Personalausweis. Zuletzt gibt der Tierarzt dem Kalb noch eine Vitaminspritze, und die ganze Aufregung hat für Mutter und Kind ein Ende. Nachdem klar ist, dass das Giraffenkind ein Bulle ist, können ihm die Tierpfleger endlich einen Namen geben: Er heißt Selim.

234

Heute darf Selim zusammen mit den anderen Giraffen nach draußen ins Außengehege. Während seine Mutter und die anderen Giraffen leckere Buchenzweige fressen, wird Selim richtig übermütig. Er sieht nämlich zum ersten Mal einen Strauß, der sich mit den Giraffen das Gehege teilt. Selim läuft los, um dem fremden Vogel mal auf die Federn zu rücken. Aber der Strauß bekommt Angst und rennt, so schnell er kann, davon. Gut, dass Selim bald die Puste ausgeht. Denn am Ende des Geheges ist ein tiefer Wassergraben, der dem Strauß gefährlich werden könnte, da Strauße nicht schwimmen können.

Inzwischen hat Selim etwas anderes entdeckt: Da ist Straußenfutter am Boden. Was man wohl mit diesen seltsamen Körnern und Möhrenstückchen machen kann? Selim beugt sich hinunter, um daran zu riechen. Aber seine Nase reicht nicht bis zum Boden, weil seine Beine zu lang sind. Erst als er die Beine spreizt, kommt er mit seiner Nase nah genug an das Straußenfutter und stellt fest, dass dieses Zeug überhaupt nicht lecker riecht. Er geht zu seiner Mutter und trinkt lieber einen großen Schluck Milch. Die schmeckt ihm am besten.

Wie Selim in den vergangenen Jahren gewachsen ist! Er ist jetzt fast erwachsen, und das gefällt seinem Vater Lucky überhaupt nicht. Es ist ihm ganz egal, dass Selim sein Sohn ist. Er sieht in ihm nur einen zweiten Bullen, den er nicht in seiner Herde dulden kann. Also wird Selim an einen anderen Zoo verkauft. Heute kommt der bestellte Giraffentransporter. Der Fahrer fährt so nah wie möglich an die Stalltür heran. Eine Rampe soll Selim helfen, in den Transporter einzusteigen. Vom Stall zum Wagen führt eine Gasse, die rechts und links von vielen Strohballen begrenzt ist. Jetzt soll Selim von seinem Stall in den Wagen gehen. Er schaut zwar ein bisschen neugierig, aber auch ängstlich. Wie kann man ihn überreden? Mit Giraffenschokolade natürlich: Kevin und Chris locken ihn mit Möhren in den Transporter. Selim folgt voller Vertrauen seinen Leckereien und bleibt auch ruhig, als die Tür des Transporters zugeht. Am Abend wird er schon in seiner neuen Heimat angekommen sein.

Schon gewusst?

Die Riesen der Savanne

Der lange Hals und die langen Beine erlauben es der Giraffe, ihr Futter dort zu suchen, wo kein anderes Tier es ihr streitig machen kann. Noch nicht einmal Elefanten kommen an Futter in über vier Metern Höhe heran. Allerdings lassen sich die Bäume der Savanne nicht ohne Gegenwehr abfressen. Sie haben sich mit mehr oder weniger langen Dornen und Stacheln bewaffnet, was ihnen aber nicht hilft. Denn eine Giraffenzunge ist so weich und schmiegsam, dass die Dornen sie nicht stechen. Sie werden glatt mitgefressen. Während die Giraffe kaut, hat sie einen unvergleichlichen Überblick über die Savanne. Wer auch immer sich an sie heranschleichen möchte, bleibt nicht lange unentdeckt. Außerdem können sich Giraffen gut gegen Angreifer verteidigen. Sie können in alle Richtungen treten und etwa einen Löwen dadurch ernsthaft verletzen.

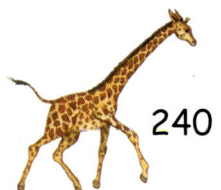

Gefahr am Wasserloch

Schwierig wird es, wenn die Giraffe Wasser trinkt. Giraffen können nämlich nur trinken, wenn sie die Vorderbeine weit auseinanderspreizen und den Kopf bis zum Wasser hinabsenken. In dieser Position sind sie allerdings für einige entscheidende Sekunden recht hilflos. Bevor sie sich wieder aufgerichtet haben,

könnte ein Krokodil nach ihrer Schnauze schnappen. Oder ein paar Löwen könnten sich von hinten anpirschen und ihnen in die Beine beißen.

Die schnelle Geburt

Die größte Gefahr droht einer Giraffe während der Geburt. Sie darf sich nicht hinlegen wie andere Tiermütter. Denn bei einem Angriff verginge viel zu viel Zeit, bis sie wieder hochkäme. Daher bringt sie ihr Junges im Stehen zur Welt. Sie kann die Geburt so lange hinauszögern, bis sie sich sicher fühlt. Dann muss das Kalb so schnell wie möglich aufstehen. Erst wenn es steht und läuft, hat es gute Chancen, zu überleben.

Verschiedene Giraffen-Arten

Rothschildgiraffe

Netzgiraffe

Stern- oder Massaigiraffe

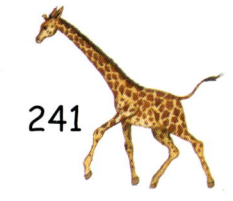

Wenn Pinguine in die Schule gehen

Seit einigen Tagen kontrolliert Tierpflegerin Barbara jeden Tag die Pinguinnester. Dazu öffnet sie kleine Türen auf der Rückseite der Bruthöhlen. In manchen Nestern sind die Eier erst angepickt. Die Küken darin brauchen noch Zeit, bis sie die Schale ganz geöffnet haben. In den meisten Höhlen aber piepsen schon die winzigen Pinguine unter den Eltern. Barbara wiegt sie jeden zweiten Tag. So kann sie feststellen, ob die Kleinen genügend Fischbrei aus dem Kropf ihrer Eltern bekommen.

Mit diesem Kraftfutter wachsen die Küken sehr schnell. Bald schon bekommen sie ihre Daunenfedern. Schließlich sind die kleinen Humboldtpinguine stark genug, um aufrecht zu stehen. Die richtigen Federn schieben sich nun unter den Daunen hervor. Die pummeligen Jungpinguine verlassen die Bruthöhle und betrachten die neue Welt ringsum. Genau zu diesem Zeitpunkt verlieren die Eltern jede Lust, ihre Kinder noch wie gewohnt mit Fischbrei zu füttern. Die Jungen sind jetzt groß genug, sollen sie doch selber jagen! Das ist aber im Zoo nicht möglich, sodass hier die Tierpfleger eingreifen müssen.

Sobald die Pinguineltern mit dem Füttern aufhören, bringen Barbara und Katja einen großen Korb ins Gehege. „Jetzt geht's in die Schule", rufen sie und sammeln die Pinguinkinder ein. In einem besonderen Käfig werden sie wieder herausgelassen. Dann beginnt der Unterricht. Die Pinguine müssen lernen, wie man einen toten Fisch in einem Stück hinunterschluckt. Denn im Zoo gibt es keine lebenden Fische zu fressen.

Die erste Lektion beginnt mit kleinen Fischen. Obwohl sie in warmem Wasser vorgewärmt worden sind, finden die Schulkinder diese Art von Essen scheußlich und kneifen einfach ihre Schnäbel zu. Barbara und Katja öffnen sie dann mit der Hand und zwängen den Fisch hinein. Die Vögel schleudern den Kopf hin und her, und der Fisch fliegt wieder heraus. Barbara übt weiter mit ihnen, bis sie alles geschluckt haben. Es dauert jedoch Wochen, bis sie von allein zu dem Eimer mit den kalten Fischen stürmen und ihr Futter brav aus Barbaras Hand nehmen.

Während die jungen Pinguine bisher in ihrer Schule nur wenig Wasser zum Schwimmen hatten, können sie sich nun im Pinguinbecken austoben. Zuerst sind sie noch ein bisschen zurückhaltend, da sie noch üben müssen, wie man Kurven schwimmt und aus dem Wasser springt. Aber dann legen sie richtig los und sausen zusammen mit ihren Eltern durch das Wasser. Pfeilschnell springen sie von einem Becken ins andere und dann mit einem Satz an Land.

Denn da kommt Barbara mit dem Futtereimer. Alle Pinguine, junge wie alte, stehen um sie herum und nehmen wohlerzogen die Fische aus ihrer Hand. Barbara freut sich, dass ihre Pinguine so zutraulich sind. Ganz nebenbei kann sie bei der Fütterung kontrollieren, ob jedes Tier mit Appetit frisst. Denn wer keinen Hunger hat, ist meistens krank und braucht schnell den Tierarzt. Heute sind aber alle putzmunter. Also nimmt Barbara die restlichen Fische und wirft sie in hohem Bogen ins Becken. Und alle Pinguine stürzen sofort hinterher. Jeder versucht, noch einen der letzten Fische zu ergattern.

Schon gewusst?

Pinguine im Wasser

Pinguine im Wasser und Pinguine an Land – das könnten zwei verschiedene Tiere sein. Im Wasser fliegen Pinguine regelrecht dahin, denn zum Schwimmen benutzen sie nur ihre Flügel. Beim Tauchen erreichen sie Tiefen, in die ein Mensch ohne viele Hilfsmittel gar nicht gelangen könnte. Wenn sie jagen, pendeln sie pausenlos zwischen Wasseroberfläche und Meeresgrund hin und her. Zum Luftholen schießen sie mit einem Sprung aus dem Wasser, um sogleich wieder einzutauchen.

Gemeinsam stark

Pinguine werden vor den Küsten oft von Orcas und Seeleoparden, einer Robbenart, gejagt. Aber weil so viele Pinguine gleichzeitig im Wasser sind, hat das einzelne Tier eine bessere Chance zu überleben. Denn den Räubern fällt es schwer, sich in diesem Gewimmel auf ein einzelnes Beutetier zu konzentrieren.

Pinguine an Land

Humboldtpinguine brüten fast nur auf den Inseln vor der Küste Perus. Sie bewohnen dort Fels- oder Erdhöhlen. Sobald die Vögel mit einem schwungvollen Satz aus dem Meer an Land gesprungen sind, wirken sie völlig

verändert. Die Flügel helfen ihnen hier nicht mehr. Sie müssen die steile und steinige Küste aufrecht gehend hinaufklettern. Die ausgetretenen Pfade sind oft glitschig, sodass die Pinguine immer wieder nach unten rutschen. Es ist bewundernswert, wie die kleinen Frackträger bergauf strampeln, bis sie das Nest mit ihrem Partner und den Eiern oder den Jungen erreicht haben. Sie füttern dann die Jungen aus dem Kropf und lösen den Partner ab. Der kehrt zum Meer zurück, über Stock und Stein, und wenn es glatt wird, rutscht er auf dem Bauch nach unten.

Leben Kaiser im Zoo?

Leider sieht man die prächtigen Kaiserpinguine sehr selten im Zoo. Sie brüten im antarktischen Winter auf dem Eis, wo sie ihr Ei auf den Füßen halten und mit einer Hautfalte bedecken. Diese Pinguine brauchen auch im Zoo ihren kalten Lebensraum und vor allem keimfreie Luft wie in der Antarktis.

Wie sehen die Verwandten der Humboldtpinguine aus?

Königspinguin

Felsenpinguin

Kaiserpinguin

Der Supermarkt für wilde Tiere

In einem Zoo leben viele Tausend Tiere, die vollkommen abhängig von vielen Hundert Tierpflegern sind. Die müssen die Käfige täglich sauber machen, und vor allem müssen sie die Tiere füttern. Jede Art braucht ganz bestimmtes Futter, um gesund zu bleiben. Die Tierpfleger wissen das und richten sich, so gut es geht, danach. Sie können aber nicht einfach in irgendeinen Supermarkt gehen und einkaufen.

Vielmehr hat der Zoo seinen eigenen Supermarkt, nämlich den Futterhof. Dort gibt es große, sehr kalte Kühlhäuser für das frische Fleisch und den frischen Fisch. In weniger kalten Kühlhäusern lagern Gemüse, Obst, Eier, Milch, Quark und Joghurt. Jeden Tag kommen Lastwagen, die die bestellte Ware bringen. Sie wird abgeladen und schnell ins richtige Kühlhaus gebracht, denn das Futter für die Tiere aus aller Welt muss immer ganz frisch sein. Da gibt es kein Abfallfleisch, kein faules Obst und keinen Joghurt, der das Verfallsdatum überschritten hat. Alles, was verfüttert wird, könnten auch Menschen essen.

Jeden Morgen stellt der Futtermeister in Kisten und Eimern das Futter für jede Tierart zusammen. Weil er sich das alles nicht merken kann, hat er eine große Tafel, auf die jeder Pfleger schreibt, was er braucht. Später bringt ein Elektroauto die Kisten und Eimer zu den Käfigen oder Häusern. Der Tierpfleger hat dort eine eigene Küche, die Futterküche, in der er das Futter wäscht, zerschneidet und manchmal auch kocht. Für Lippen-bären zum Beispiel wird morgens ein Milchbrei gekocht. Schimpansen schlürfen gerne ihren Joghurt vom Löffel. Die Heringe und Makrelen für die Seelöwen und Delfine müssen mit Vitaminkapseln gespickt werden, weil den toten und gekühlten Fischen einige Vitamine fehlen. Für Affen wird das Obst und Gemüse in mundgerechte Stücke geschnitten. Tier-babys brauchen alle zwei Stunden ihr frisch zubereitetes Fläschchen.

Der größte Teil des Futters besteht aber aus Heu, frischem Gras und Ästen mit Blättern. Manche Bauern aus der Umgebung arbeiten nur für die Tiere im Zoo. Täglich mähen sie einen Teil ihrer Wiesen und bringen das Gras schon früh morgens zur ersten Fütterung mit dem Traktor direkt zu den Gehegen. Tiere wie Elefanten, Giraffen, Wildpferde oder Nas-hörner kennen schon das Geräusch des Traktors. Sie stehen am Gitter und warten sehnsüchtig auf das köstlich duftende Frühstück.

Zoo-Wörterbuch

Alpha-Tier In einer Tiergruppe das ranghöchste Männchen oder Weibchen

Aufzuchtstation Ort, an dem Jungtiere ohne ihre Eltern von Tierpflegern aufgezogen und gepflegt werden

bebrüten Reptilien und Vögel bebrüten ihre Eier, indem sie sie mit ihrem Körper wärmen oder vor zu großer Hitze schützen.

Bruthügel Hügel aus Sand, Laub oder ähnlichem Material, unter dem sich Eier entwickeln

Brutraum Ort, an dem Eier von Reptilien oder Vögeln in Brutmaschinen ausgebrütet werden

Bulle Männliches Tier bei Elefanten, Giraffen, Nashörnern, Seelöwen, Tapiren und natürlich auch bei Rindern

Dressur Durch Belohnung und Wiederholung lernt ein Tier das zu tun, was der Mensch von ihm will.

Fluke Schwanzflosse bei Delfinen und Walen

Fohlen Jungtier bei Pferden, Lamas, Zebras und verwandten Tieren

Hahn Männliches Tier bei Papageien und anderen Vögeln

handzahm So wird ein Tier genannt, das keine Angst vor der menschlichen Hand hat.

Hengst Männliches Tier bei Pferden, Lamas, Zebras und verwandten Tieren

Henne Weibliches Tier bei Papageien und anderen Vögeln

Instinkt Angeborenes Verhalten von Tieren, das zwar geübt, aber nicht erlernt werden muss.

Kalb Jungtier bei Elefanten, Giraffen, Nashörnern, Tapiren und Rindern

Kater Männliches Tier bei Löwen und anderen Katzen

Katze Weibliches Tier bei Löwen und anderen Katzen

Kropf Besonderes Verdauungsorgan von Vögeln, das noch vor dem Magen liegt

Kuh Weibliches Tier bei Elefanten, Giraffen, Nashörnern, Tapiren und Rindern

Küken Jungtier bei Papageien, Pinguinen und anderen Vögeln

Laichzeit In dieser Zeit findet die Fortpflanzung von Fischen, Fröschen, Kröten und ähnlichen Tieren statt. Dazu geben die Weibchen ihre Eier (Laich) und die Männchen ihren Samen ins Wasser ab.

Leithengst Bei Huftieren das Männchen, das die Herde anführt und verteidigt

Leitwolf Ranghöchster Wolf (Alpha-Wolf) in einem Rudel

Mutterhocker Affenbabys werden so genannt, weil sie sich vom ersten Lebenstag an ständig an die Mutter klammern.

nachtaktiv Tiere, die am Tag schlafen, sind nachtaktiv.

Narkose Künstlich herbeigeführter Schlaf, um eigentlich schmerzhafte Behandlungen schmerzfrei durchzuführen

Ohren abstellen So nennt man es, wenn die Ohren des Elefanten im rechten Winkel zum Körper abstehen.

Plankton Winzige Wassertiere, die frei im Wasser schweben und nur in großer Zahl als leichte Trübung des Wassers zu erkennen sind

Reptilien Gruppe der Eidechsen, Schlangen, Schildkröten und Krokodile. Sie werden auch Kriechtiere genannt.

Rudel Manche Raubtiere wie z. B. Löwen und Wölfe leben und jagen auf Dauer zusammen in einer Gruppe, dem Rudel.

Säugetiere Alle Tiere, die nach der Geburt mit Muttermilch ernährt werden

Schwarm Eine Gruppe von Vögeln oder Fischen ohne Rangordnung

Silberrücken Bezeichnung für einen erwachsenen Gorillamann, wenn sich sein Rückenfell silbergrau gefärbt hat

Stute Weibliches Tier bei Pferden, Lamas, Zebras und verwandten Tieren

tagaktiv Tiere, die nachts schlafen, sind tagaktiv.

Welpe Jungtier bei Hunden, Füchsen, Wölfen und anderen Raubtieren wie Löwen

Zitzen Bei Säugetieren der Teil der Milchdrüse, den das Jungtier in den Mund nimmt, um daran zu saugen

Zucht Vom Menschen geplante Vermehrung von Tieren

Originalausgabe

© Schwager & Steinlein Verlag GmbH
Emil-Hoffmann-Straße 1, 50996 Köln
Illustrationen: Pieter Kunstreich
Text, Konzept und fachliche Beratung: Christine Adrian
Umsetzung: Verlagsservice4kids
Satz und Layout: HP Buchdesign
Gesamtherstellung: Schwager & Steinlein Verlag GmbH
Alle Rechte vorbehalten

Art. Nr. 13111
ISBN 978-3-86775-111-7

www.schwager-steinlein-verlag.de